JN240050

# 新しい
# 相続のルールがわかる！

相続法改正を司法書士が
やさしく解説

日本司法書士会連合会 編

中央経済社

| PART I | 相続法ってどんなもの？<br>改正の理由・経緯 |
| --- | --- |
| PART II | どこが変わった？　ここが変わった！ |
| PART III | これからの相続法制 |

　平成27（2015）年２月24日、法務大臣は法制審議会に対して、「高齢化社会の進展や家族の在り方に関する国民意識の変化等の社会情勢に鑑み、配偶者の死亡により残された他方配偶者の生活への配慮等の観点から、相続に関する規律を見直す必要があると思われるので、その要綱を示されたい。」との諮問をしました（法務大臣諮問第100号）。

　この諮問は、急速に進む高齢化や平成25（2013）年９月４日に出された最高裁判所大法廷による「嫡出でない子の相続分を嫡出子の２分の１と定めていた当時の民法の規定が憲法第14条１項に違反する」との決定を受け、わが国の相続法制を抜本的に見直す必要があるとの意見の高まりを受けてされたものです。

　確かにわが国の相続法制は昭和55（1980）年の改正以来、約40年間大きな見直しがなされておらず、当時と今とでは国民の価値観も生活の在り方も大きく変化しています。相続法制もそのような変化に対応し、時代に即したものとする必要がありました。

　法制審議会では、諮問を受け民法（相続関係）部会を設置し平成27（2015）年４月から議論を開始しました。その議論の成果は、最終的に「民法及び家事事件手続法の一部を改正する法律案」、「法務局における遺言書の保管等に関する法律案」として平成30（2018）年３月第196回国会に提出され、同年７月に成立・公布されました。

　「市民に身近なくらしの中の法律家」である我々司法書士は、市民生活に大きな影響を与える相続法制が市民にとってより良いものとなるよう適時意見表明を行い、また市民の皆様に対して改正の内容について広く知っていただくために書籍の発刊やシンポジウムの開催等を通じて周知活動をしてまいりました。

　相続は誰にでも起こる身近な問題です。これからの相続手続きは新しい相続法

制のもとに行われることになりますが、改正の内容をできる限りわかりやすく広く市民の皆様に知っていただこうというのが本書発刊の理由です。ぜひ多くの方に手に取っていただき、役立てていただければ幸いです。

　これからも、司法書士は市民の皆様の身近な相談窓口として、相続制度やその他の市民の皆様の日常生活における法的問題について、最新かつ正確な情報の提供に努めていく所存です。

日本司法書士会連合会

会長　今川　嘉典

# はしがき

　人はいつか必ず死を迎えます。人が亡くなると必ず相続の問題が発生しますから、相続は誰にでも関わりのある身近な問題といえます。

　この相続についての様々なルールを規定しているものが民法という法律のうちの相続法と呼ばれる分野です。

　この相続法は、昭和55（1980）年に改正されて以来、大きな改正がされてきませんでしたが、急速に進む高齢化や国民の価値観の変化等に対応するため、平成27（2015）年から見直しの議論が開始され、平成30（2018）年7月に国会において相続法を大幅に見直す改正法が成立しました。

　日本司法書士会連合会では、改正議論の当初から様々な法律改正に対応する民事法改正対策部内に相続法の改正に対応する専門チームを組成し、改正議論の動向の研究・分析を行い、国民にとってより良い法制度になるように意見表明や広報活動を行ってまいりました。

　本書は、そうした活動の一環として、多くの方に新しい相続法について理解を深めていただくために発刊したものです。法律というと難しく考えてしまいますが、図表やイラストを用いて、できる限り読みやすい記述を心がけました。

　本書が相続法制に関心をお持ちの方々のお役に立てるように願っております。

2019年10月

日本司法書士会連合会 民事法改正対策部<br>
部長　小澤　吉徳

# 目 次

発刊にあたって

はしがき

**PART**

**Ⅰ　相続法ってどんなもの？／改正の理由・経緯** —————— 9

1－1　民法の編成　／10
1－2　相続法の意義　／12
1－3　相続法の変遷　／14

2－1　改正の理由　／16
2－2　改正の範囲　／18
2－3　今回の改正の経緯と改正法の施行日　／20
2－4　司法書士の役割　／22

**PART**

**Ⅱ　どこが変わった？　ここが変わった！** —————— 25

1－1　配偶者居住権のあらまし　／26
1－2　配偶者居住権　／28
1－3　配偶者短期居住権　／30

2－1　配偶者保護のための方策　持戻し免除の意思表示の推定規定　／32
2－2　遺産分割前の預貯金の払戻し制度（1）　家裁が関与しない払戻し
　　　／34
2－3　遺産分割前の預貯金の払戻し制度（2）　家裁での仮分割　／36
2－4　遺産の一部分割　／38
2－5　遺産分割前に遺産に属する財産が処分された場合の取扱い
　　　／40

3－1　遺言制度の見直し　／42

3－2　自筆証書遺言の方式緩和　／44

3－3　自筆証書遺言の保管制度　／46

3－4　遺言執行者の権限の明確化等（1）　／48

3－5　遺言執行者の権限の明確化等（2）　／50

4－1　遺留分制度の見直し　／52

4－2　遺留分請求権の法的性質の見直し　／54

4－3　遺留分算定方法の見直し（1）　／56

4－4　遺留分算定方法の見直し（2）　／58

4－5　遺留分の算定と債務の取扱い　／64

5－1　相続の効力等に関する見直し（1）　／66

5－2　相続の効力等に関する見直し（2）　／68

6　　　相続人以外の者の貢献を考慮するための方策（特別の寄与）　／69

## PART

### Ⅲ　これからの相続法制　——————————— 71

1－1　附帯決議　／72

1－2　土地の所有者がわからない!?　／74

1－3　所有者不明土地問題を解決するには　／76

## コラム

相続と死後事務　／55

さくいん／77

編・著者紹介／79

## PART I

# 相続法ってどんなもの？
# 改正の理由・経緯

このパートでは、相続法の
意義・沿革・編成を確認して、
相続法改正の理由と経緯を
説明します。

I 相続法ってどんなもの？
改正の理由・経緯

II どこが変わった？
ここが変わった！

III これからの
相続法制

# 1−1 民法の編成

 民法とは、どのような法律でしょうか？

 民法は、社会生活上の取引行為や人と人との関係を規律する私法の基本法と言われています。民法は大別して、財産に関する法律と家族に関する法律に分けることができます。

　皆さんは、日常生活の中で、法律について意識することはほとんどないと思います。しかし、法律をルールという言葉で置き換えてみるとわかりやすいと思いますが、現代社会にはさまざまなルール（法律）があり、そのルール（法律）と共に私たちは生活しています。

　その中でも、民法は社会生活上の取引行為や人の身分関係を定めている法律の１つです。そして、このような私法上のルールを定めている法律は数多くありますが、それらの法律の中で最も基本的なルールを定めているのが民法なのです。

　例えば、コンビニエンスストアでお茶を買うのは民法の売買契約に該当します。銀行にお金を預けるのは消費寄託という契約行為です。婚姻や離婚のルールも民法上の規定ですし、親が子どもをしつけたり教育したりすることも民法に規定されています。民法は、空気のように身近に存在する法律なのです。

　そして、民法は大きく分けて財産法と家族法に分けられます。財産法は、人からお金を借りたときや、不動産を売買したときなど、主に財産に関するルールを定めている部分です。一方、家族法は、婚姻や親子関係など人の身分関係を定める法律です。家族法はさらに、親族について定める規律と、相続について定める規律とに分けることができます。今般改正がなされたのは、この相続に関する分野についてです。

　民法のうち、財産法は当事者の合意で、ある程度ルールの変更をすることができますが（任意規定といいます）、家族法（親族法と相続法）は当事者の合意によってルールを変更することがほとんど許されていません（強行規定といいま

す）。

　相続法が改正されたということは、当事者同士でルールを変更できない部分が改正されるということになりますので、社会に与える影響も大きいのです。相続法の改正は私たちの日常生活に大きな影響を及ぼす可能性があるといえます。

## 現行の民法はこうなっている！

※平成30（2018）年改正による内容

| 編 | | 章 | |
|---|---|---|---|
| 財産に関する法 | 第1編　総則 | 省略 | |
| | 第2編　物権 | 省略 | |
| | 第3編　債権 | 省略 | |
| 家族に関する法 | 第4編　親族 | 第1章　総則 | 第5章　後見 |
| | | 第2章　婚姻 | 第6章　保佐及び補助 |
| | | 第3章　親子 | 第7章　扶養 |
| | | 第4章　親権 | |
| | 第5編　相続 | 第1章　総則 | 第6章　相続人の不存在 |
| | | 第2章　相続人 | 第7章　遺言 |
| | | 第3章　相続の効力 | 第8章　配偶者の居住の権利 |
| | | 第4章　相続の承認及び放棄 | 第9章　遺留分 |
| | | 第5章　財産分離 | 第10章　特別の寄与 |

# 1−2 相続法の意義

相続法は何のためにあるのでしょうか？ また、なぜ相続人は一定の親族に限られているのでしょうか？

人が亡くなると、その人の財産は他の誰かのものにする必要が生じます。相続法は、人が死亡した時に財産の承継を円滑に行うための法律です。

　日本は資本主義経済社会であり、資本主義の土台を支えているのが私有財産制度だと言われています。個人は原則として、自己の財産を自由に使ったり、そこから収益を上げたり、処分することができます。自己の財産を国に勝手に取り上げられたり、他人から否応なく干渉を受けたりすることは原則としてありません。

　しかし、この私有財産制度は、すべての財産が必ず誰かの財産であるということが前提となってこそ成り立つ制度であり、財産が誰のものでもないという状態は好ましくありません。そこで、その個人が死亡した場合には、財産の次の所有者をできるだけ早く決める必要が生じてきます。それが相続の意義であるといわれており、その相続のルールを定めているのが相続法です。

　では、相続人の範囲が一定の親族に限られているのはなぜでしょうか。遺言を書けば財産を特定の人に譲ることが可能です。しかし、遺言を書いていない場合は、一定のルールの下で財産を相続させる必要が生じます。そこで、相続法は一定の親族についてあらかじめ相続の順位と相続分を定めておくことにしました。

　ただ、なぜ一定の親族だけが死亡した人の財産を承継できるのか、その根拠には諸説あります。例えば、配偶者の相続権については、夫婦が協力して築き上げた財産を清算する意味があるとするものや、残された配偶者の生活保障の意味があるとするもの、子や兄弟姉妹の相続権については、血縁を理由とするものや相続人の意思の推定であるとするものなどがあります。

　ところで、日本では相続についてのルールは民法の相続編に定められていますが、相続に関する法律や慣習は国によっても異なるものであり、それぞれの国ご

とに特徴があります。例えば、日本では死後に備えて遺言を残す人は多くはありませんが、多数の人が遺言を残す国もあります。また、日本では人が亡くなった後は相続人が自ら煩雑な相続手続きを行わなければなりませんが、公証人や遺産管理人が一切の相続手続きを取り仕切って行う国もあります。

　相続は誰もが一度は経験するものであり、それぞれの国の伝統・社会事情・市民感情に合った相続法であることが必要です。今回の改正もそのような視点を見落とすべきではないと思います。

## 相続財産のイメージ

土地・建物

現金・預金・有価証券

車・貴金属その他

# 1−3 相続法の変遷

 社会の変化に応じて相続法はどのように変わっていったでしょうか。

 相続法は、昭和22（1947）年と昭和55（1980）年に大きな改正がありました。今回は３回目の大改正となります。相続法改正の歴史は、女性の地位向上の歴史と重なっています。

　法律は不変ではありません。新しく生まれるもの、廃止されていくもの、時代に合わせて変更されるもの、法律もまた時代に即して移り変わっていくものです。

　明治時代にできた民法は、妻に財産管理権を認めず、原則として長子が単独で相続するという家督相続が主流でした（長子単独相続）。家の財産と権力を戸主に集中することにして、その代わりに戸主は家族を養っていく義務を負っていました。これは、江戸時代の武家社会にあった「家」をモデルにして、家父長制度を採用することが国家にとって都合が良かったからだと言われています。また、戦前の日本は農業国家であり、大家族が一体となって農業に携わっていたことから、そこで暮らす人々にとってもそれほど不都合はなかったようです。

　しかし、日本が第二次世界大戦に敗れ、日本国憲法が制定されると、相続法も（新しい）憲法の基本理念に則した法改正をする必要が出てきました。日本国憲法では、家族生活における個人の尊厳と両性の平等が求められ（憲法24条）、男女を不平等に扱ってはならないということや、家制度を廃止して戸主の財産と権力を分散させることが必要でした。

　そこで、昭和22（1947）年、親族法及び相続法の改正により、家制度及び家督相続制度が廃止されました。改正後の相続は、家族間の平等という考えの下、配偶者には常に相続権が発生し、子全員にも相続権が認められるようになりました（諸子均分相続）。また、経済の成長・社会の発展に伴い産業・人口が都市部に集中し、核家族世帯が増加した結果、相続が発生するごとに財産が分散されていくようになっていきます。

　女性の社会的地位の向上は更に進み、昭和55（1980）年には配偶者の相続分を引き上げる改正がされました（子とともに相続する場合には3分の1から2分の1に、直系尊属と相続する場合には2分の1から3分の2に、兄弟姉妹と相続する場合には3分の2から4分の3に引き上げられました）。

　今回の相続法の改正は、著しく進んだ高齢化社会において、配偶者の保護をより手厚くする改正や、遺言の作成の促進、遺留分制度の見直しなど、多くの改正が行われます。

## 戦後、相続法はこのように変わってきた！

| 改正 | 相続法 |
|---|---|
| 昭和22年 | ◎日本国憲法制定に伴う全面的な改正 |
| 37年 | ◎代襲相続制度の見直し<br>◎相続の限定承認・放棄の見直し<br>◎特別縁故者への分与制度の新設 |
| 55年 | ◎配偶者の法定相続分の引上げ<br>◎寄与分制度の新設<br>◎代襲相続制度の見直し<br>◎遺産分割の基準の見直し<br>◎遺留分の見直し |
| 平成8年 | （法制審議会による）婚姻制度の改正に関する要綱の答申 |
| 11年 | ◎公正証書遺言の方式の特則 |
| 25年 | ◎嫡出でない子の相続分の同等化 |
| 30年 | ◎今回の改正 |

# 2−1 改正の理由

 なぜ今、相続法の改正がされたのでしょうか。

 時代とともに、相続法の規定が市民の家族観や相続観と合わなく
なってきていることが主な理由です。

　相続法を改正することになった直接の契機は、平成25（2013）年9月に、嫡出
でない子の相続分を嫡出である子の相続分の2分の1とすると定めていた民法第
900条第4号ただし書の規定が憲法に違反すると最高裁判所が判断したことにあ
ります。婚姻をしていない男女の間に生まれた子の相続分を、婚姻をしている男
女の子の相続分の2分の1とすると定めていた民法の規定が憲法違反であると判
断されたのです。その後、国会では速やかに嫡出でない子の相続分を嫡出である
子の相続分と同等にする民法の一部改正が行われたのですが、この改正に際して
は、各方面から、「法律婚を尊重する国民意識が損なわれる」、「配偶者を保護す
るための措置を併せて講ずべき」といった問題提起がされました。
　その他にも、前回改正された昭和55（1980）年と、現代とでは高齢社会の進展、
家族構成や国民の価値観の変化など、状況が大きく異なります。そのため、相続
法制を時代に即したものにするために見直しをする必要があるのではないかとい
う声が高まり改正が行われました。

## 相続法制改正のポイント

　平成25（2013）年12月改正民法で、嫡出でない子の相続分が嫡出子の相続分と同等に。

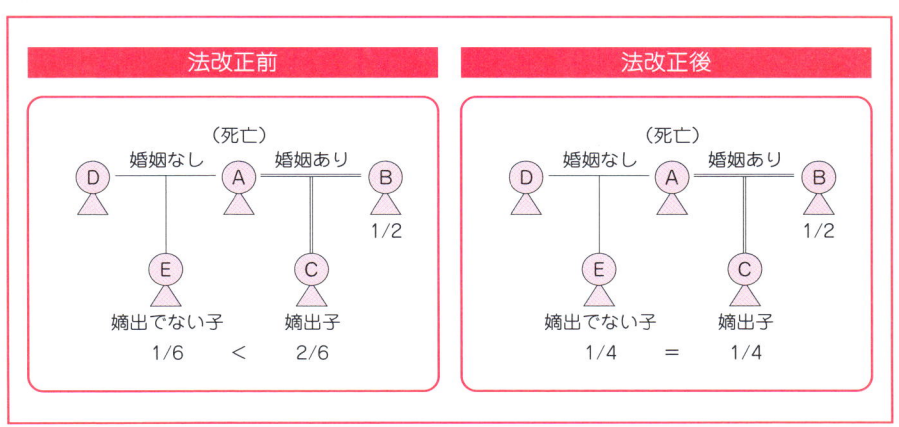

| 法改正前 | 法改正後 |
|---|---|
| （死亡）<br>婚姻なし　A　婚姻あり<br>D　　　　　　　　　　　B<br>　　　　　　　　　　　　1/2<br>　　E　　　　　C<br>嫡出でない子　嫡出子<br>1/6　　＜　　2/6 | （死亡）<br>婚姻なし　A　婚姻あり<br>D　　　　　　　　　　　B<br>　　　　　　　　　　　　1/2<br>　　E　　　　　C<br>嫡出でない子　嫡出子<br>1/4　　＝　　1/4 |

## 日本の状況の変化

高齢社会の進展

少子化

価値観の変化

家族構成の変化

# 2－2 改正の範囲

 今般の相続法改正の範囲を教えてください。

 当初は、生存配偶者の保護を図る必要性と、社会情勢の変化への対応の観点から検討されていましたが、法制審議会の中で追加された論点も多く、遺言制度や遺留分などの見直しを含む、相続法全般にわたる改正となりました。

　相続法は、民法の第5編に定められていますが、全体で約160条もの条文があります。今回の改正は、昭和55（1980）年以来の約40年ぶりの改正ではありますが、相続法の考え方を根本から変えるというよりは、社会情勢の変化への対応を図り、判例法理によって解釈されていた部分を条文に盛り込むなど、相続法をこれからの時代にふさわしいものにしようとしたものと評価できると思います。

　改正の範囲は多岐にわたりますが、主要な項目として、以下のように分類することができます。①配偶者の居住権を保護するための方策、②遺産分割に関する見直し等、③遺言制度に関する見直し、④遺留分制度に関する見直し、⑤相続の効力等（権利及び義務の承継等）に関する見直し、⑥相続人以外の者の貢献を考慮するための方策、の6項目です。この6項目に従って、改正の範囲を分類したのが右の表になります。

　戦前の相続法では、長子単独相続が原則であり、相続人は原則1人であることから相続人間の争いはそれほど多くありませんでした。また、主な財産は家屋敷と田畑であり、分割できるような財産もほとんどありませんでした。

　しかし、戦後、諸子均分相続の考え方に基づき各相続人に均等に財産が承継されるようになり、市民の間にも均分相続の考え方が浸透してきました。それに伴い、相続人間での相続争いが増えていくようになりました。なぜなら、親の介護をしてきた子や家業を手伝って発展させた子も、その他の子と法定相続分は同等であるため、形式的な平等がかえって実質的な不平等を招く場合があるからです。共同相続人間や利害関係人との間で相続における実質的平等をどのように実現す

べきか、そのような視点からの改正も盛り込まれています。詳しくは後記の各論
で説明します。

**これが、相続法改正の中身だ！**

| ① 配偶者の居住権を保護するための方策 | 1　配偶者居住権（1028条〜1036条）<br>2　配偶者短期居住権（1037条〜1041条） |
|---|---|
| ② 遺産分割に関する見直し等 | 1　持戻し免除の意思表示の推定（903条4項）<br>2　遺産の分割前における預貯金の払戻し制度の創設等（909条の2・家事事件手続法200条3項）<br>3　一部分割（907条）<br>4　遺産分割前の遺産処分の取扱い（906条の2） |
| ③ 遺言制度に関する見直し | 1　自筆証書遺言の方式緩和（968条2項）<br>2　遺贈の担保責任（998条）<br>3　遺言執行者の権限の明確化（1007条・1012条ほか）<br>4　遺言書の保管制度の創設 |
| ④ 遺留分制度に関する見直し | 1　遺留分の金銭債権化（1046条）<br>2　遺留分の算定方法の見直し（1043条〜1045条）<br>3　遺留分侵害額の算定における債務の取扱い（1047条3項） |
| ⑤ 相続の効力等（権利及び義務の承継等）に関する見直し | 1　権利の承継に関する規律（899条の2）<br>2　義務の承継に関する規律（902条の2）<br>3　遺言執行者がある場合における相続人の行為の効果等（1013条2項、3項） |
| ⑥ 相続人以外の者の貢献を考慮するための方策 | 1　特別の寄与の制度（相続人以外の者が無償で被相続人の療養看護を行った場合は相続人に対して金銭請求を認める制度）を創設（1050条） |

# 2−3 今回の改正の経緯と改正法の施行日

 今回の改正はどのような経緯を経たのでしょうか。

 今回の改正は、平成25（2013）年９月になされた嫡出でない子の相続分を嫡出子の２分の１とする民法900条４号の規定が憲法に違反するという最高裁判所の決定（最大決平成25（2013）年９月４日民集67巻６号1320頁、以下、「最高裁決定」）を契機とし、およそ３年の法制審議会での議論を経て成立しました。
改正法の施行日は、原則として令和１（2019）年７月１日です。

　最高裁決定を受けて、嫡出でない子の相続分と、嫡出子の相続分を同等にする民法の改正が行われました。この改正の過程において、法律婚を尊重する立場の人からの意見や配偶者保護を強化すべきという意見など、様々な問題提起がなされました。

　こうした意見を受けて法務省では、相続法制の見直しを行うため、法制審議会に部会を設置する前に、有識者をメンバーとする「相続法制検討ワーキングチーム」を設置し、相続法制の在り方についての検討を行いました（平成26（2014）年１月〜平成27（2015）年１月まで。合計11回）。この議論の成果は、「相続法制検討ワーキングチーム報告書」として公表されています。これを受けて、平成27（2015）年２月に法務大臣は法制審議会に対して相続法制の見直しに関する諮問（諮問第100号）を行い、法制審議会に民法（相続関係）部会（以下、「部会」といいます。）が設置されました。

　部会では、平成27（2015）年４月から平成30（2018）年１月まで合計26回の会議が開催され、平成30（2018）年２月16日に法律改正の要綱を法務大臣に答申しました。これを受けて「民法及び家事事件手続法の一部を改正する法律案」及び「法務局における遺言書の保管等に関する法律案」が平成30（2018）年３月に国会に提出され、同年７月６日成立しました。

　一部の例外を除いて、改正法の施行日は令和１（2019）年７月１日からとされ

ています。

## 改正のおおまかな経緯

平成25（2013）年9月最高裁決定

↓

平成26（2014）年1月～平成27（2015）年1月相続法制検討ワーキングチーム会議　合計11回

↓

平成27（2015）年2月法務大臣による諮問（諮問第100号）

↓

平成27（2015）年4月～平成30（2018）年1月法制審議会民法（相続関係）部会による会議　合計26回

↓

平成30（2018）年1月16日　部会において要綱案決定

↓

平成30（2018）年2月16日　要綱の決定、法務大臣への答申

↓

平成30（2018）年3月13日　「民法及び家事事件手続法の一部を改正する法律案」及び「法務局における遺言書の保管等に関する法律案」の国会への提出

↓

平成30（2018）年7月6日　両法案の成立

## 改正法の施行日

原則施行日：令和1（2019）年7月1日
　　例外：①平成31（2019）年1月13日
　　　　　　自筆証書遺言の方式の緩和
　　　　　②令和2（2020）年4月1日
　　　　　　配偶者短期居住権、配偶者居住権
　　　　　③令和2（2020）年7月10日
　　　　　　自筆証書遺言の保管制度

相続手続きの中で、司法書士はどのような役割を果たしているのでしょうか。

司法書士は不動産の登記手続きや、預貯金・株式の名義変更などの手続きの支援を行うことができます。また、成年後見手続きや遺言書の作成など、相続開始前から高齢者の支援にも積極的に取り組んでいます。

　司法書士は、昭和25（1950）年に司法書士法が制定されてから、主に不動産や会社などの登記手続きや供託手続き、そして簡易裁判所での訴訟代理等の手続きや、裁判所に提出する書類の作成などを行っています。皆さんには、不動産の登記名義を変更するための手続きで馴染みがあるのではないでしょうか。

　相続手続きの場面では、不動産の登記手続きはもちろんのこと、預貯金や株式の名義変更などの手続き支援も業務として行うことができます。これらの手続きを行うためには、戸籍謄本や印鑑証明書など多くの書類が必要になりますが、思いのほか取得に時間を要する場合もあります。どのような書類を取得するか分からない、手間が掛かるので自分ではできないと思ったときは、ぜひ積極的に司法書士にご相談いただければと思います。

　また、司法書士は、認知症高齢者等の財産を管理する成年後見制度や、将来に備えた遺言書の作成支援にも積極的に取り組んでおり、相続の開始前から相談を受けるケースも増えています。

　将来紛争が起こらないように、事前に法律的な対処をしておくことを予防法務といいます。例えば、将来認知症になった時に備えて任意後見契約を締結する、自分の死後の葬儀や遺品の処理のために死後事務委任契約を締結する、財産を特定の人に遺贈したいので遺言書を作成する、といったことなどが挙げられます。

　少子高齢化社会を迎えて、自分の将来のことや、亡くなった後のことに不安を感じている人も少なくないのではないでしょうか。予防法務の観点からは、早めに相談をすること、そして早めに対策を講じることが非常に重要になってきます。

もし、将来のことが不安になった時は、一度司法書士に相談されてみてはいかがでしょうか。きっと役立つアドバイスがもらえることでしょう。

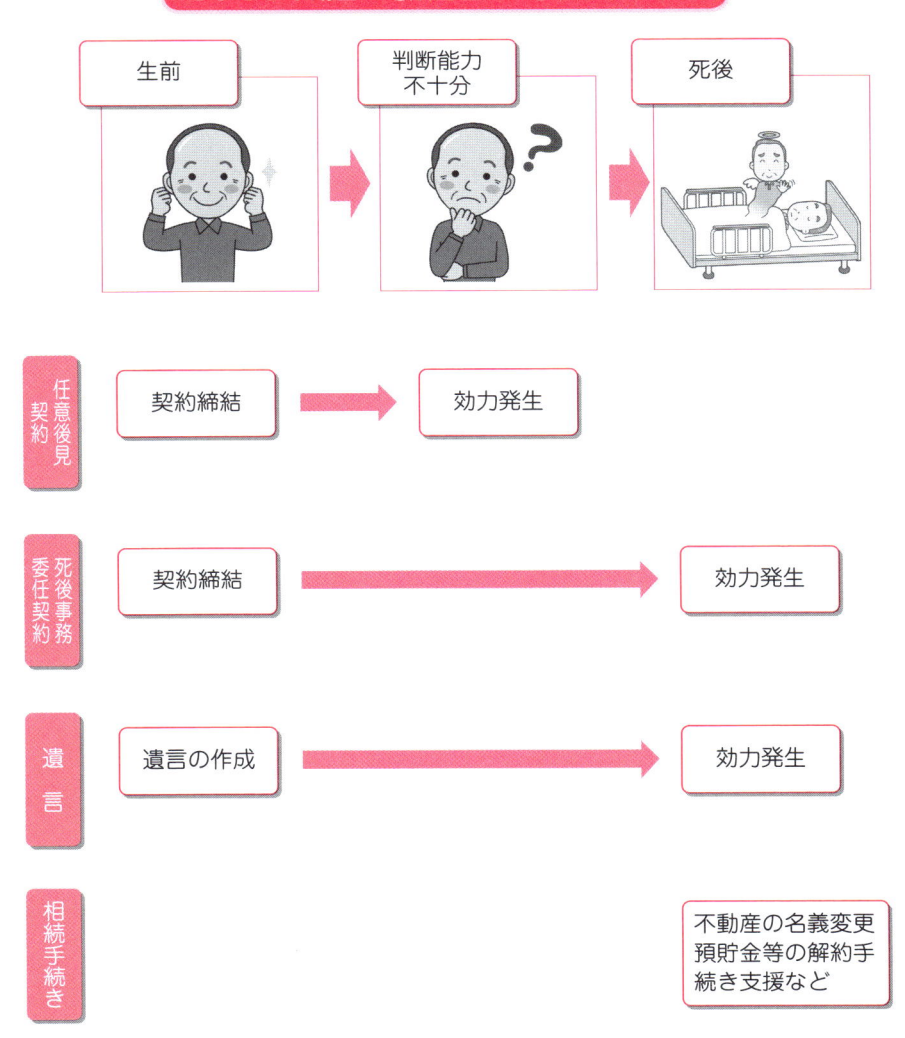

**さまざまな場面で司法書士がお手伝いします！**

| 生前 | 判断能力不十分 | 死後 |
|---|---|---|

**任意後見契約**：契約締結 → 効力発生

**死後事務委任契約**：契約締結 → 効力発生

**遺言**：遺言の作成 → 効力発生

**相続手続き**：不動産の名義変更 預貯金等の解約手続き支援など

# どこが変わった？
# ここが変わった！

I 相続法ってどんなもの？
改正の理由・経緯

II どこが変わった？
ここが変わった！

III これからの
相続法制

このパートでは、
今回の相続法改正の
1つ1つの論点を
やさしく解説します。

 亡くなった夫の相続人は、妻の私と長男の２人です。長男とは、夫の生前から折り合いが悪く、家を売却するから出て行って欲しいと言われてしまいました。私は長男に言われるまま住み慣れた家から出ていかなければならないのでしょうか。

 以下のいずれかの方法により、住み続けることができます。
① 長男と配偶者が建物の共有者となる方法
② 長男から建物を借りる方法（賃貸借、使用貸借等）
③ 配偶者が配偶者居住権を取得する方法

　一般に、配偶者の一方が死亡した場合、残された配偶者は、それまで居住してきた建物に住み続けたいと思うのではないでしょうか。特に、高齢の配偶者が、住み慣れた建物を離れて新たな生活を始めなければならない場合は、精神的にも肉体的にも大きな負担がかかる上に、家賃相当の収入を確保できない場合も考えられます。

　ところが、厚生労働省によると、平成29（2017）年の日本人の平均寿命は、男性が81.09歳、女性が87.26歳、同年の平均婚姻年齢は、男性33.4歳、女性31.1歳となっています。単純計算をすると、妻は、夫の死亡後約８年間、生活の場を確保する必要があることになります。

　一方で、第二順位の法定相続人である両親は亡くなっていることが多く、その他の相続人は、被相続人の相続開始時には経済力を身に付けて自立した生活を営んでいることが多いのが実情です。昨今は、兄弟姉妹や甥姪とは疎遠になっている方は少なくないようです。以上のことから、配偶者は、他の相続人と比べて、住み慣れた建物での居住を保障すべき社会的要請が大きいと考えられます。

　そこで今回の改正では、配偶者の居住する権利を保護する制度を創設しました。比較的短期間かつ無償で居住できる配偶者短期居住権（民法1037条）と、終身または一定期間、建物使用を認める配偶者居住権（民法1028条）の２つがあります。いずれも、令和２（2020）年４月１日以降に開始した相続について適用されることとなります。なお、改正法の施行によりＡの①②のような従前からの方法を選べなくなるわけではありません。

## 法定相続人と法定相続分

| | 配偶者の相続分 | 配偶者以外の相続人の相続分 |
|---|---|---|
| 第一順位（子） | 2分の1 | 2分の1 |
| 第二順位（直系尊属） | 3分の2 | 3分の1 |
| 第三順位（兄弟姉妹） | 4分の3 | 4分の1 |

※配偶者は常に相続人になります（民法890条）。

## 共同相続と遺産分割

| 単独相続 | 共同相続 | 遺産分割 |
|---|---|---|
| 相続人が単独の場合は、その者が単独で相続財産を取得する。 | 相続人が数人いるときは、相続財産は相続人の遺産共有となる（民法898条）。 | 共同相続人は、遺産分割により遺産共有を解消し、遺産の帰属を確定できる（民法907条）。 |

　Qの事例では、夫の相続人は妻と長男です。問題の建物は、夫の死亡により妻と長男の持分をそれぞれ2分の1とする遺産共有の状態になりました。長男は単独で建物を売却することはできませんが、妻の同意を得ることなく自らの相続分を第三者に譲渡することは可能です。

# 1−2 配偶者居住権

 配偶者居住権とはどのような権利ですか？

 配偶者が相続開始時に居住していた被相続人の所有建物について、終身又は一定期間、配偶者にその使用又は収益を認めることを内容とする権利です。配偶者居住権は、被相続人による遺贈又は遺産分割によって取得することができます。

　今回の改正で新設された配偶者居住権には２種類あります。１つ目は被相続人の死亡から比較的短期間の配偶者の居住を保障する配偶者短期居住権（１−３参照）、２つ目は、配偶者の終身又は一定の期間の居住を保障する配偶者居住権（民法1028条）です。

　配偶者短期居住権は、所定の要件を満たせば建物所有者に対して当然に請求することができる権利です。配偶者に限定した居住権であり、一時的、短期的な権利であるため、第三者対抗要件（不動産登記）は設けられていません。

　これに対し、配偶者居住権は比較的長期間の居住を認める権利ですから、配偶者は居住によって受ける利益も他の相続人に比べて無視できない大きさになります。一方、建物所有者は、配偶者居住権が消滅するまで、所有権の譲渡や利用が困難となります。与える影響が大きいと言わざるを得ません。

　配偶者が配偶者居住権を取得するには、相続人間の遺産分割によるか、被相続人の遺言または死因贈与契約による必要があります。第三者対抗要件は登記とされ、登記申請は、所有者と配偶者による共同申請が原則です。

　配偶者居住権の財産評価については、法制審議会の議論のなかで簡易の評価方法が提案されています。この評価方法によれば、配偶者居住権は、所有権よりも財産的価値が低いものとなります。ただし、建物の築年数や配偶者の年齢等により、配偶者居住権が遺産中に占める割合が大きくなると、配偶者は他の財産を受け取ることができず、老後の生活資金が不足することも考えられます。

## 配偶者短期居住権と配偶者居住権の比較

| | 配偶者短期居住権 | 配偶者居住権 |
|---|---|---|
| 法的性質 | 使用借権類似の法定債権 | 賃借権類似の法定債権 |
| 要件 | 被相続人の財産に属した建物に相続開始の時に無償で居住していたこと | 被相続人の財産に属した建物に相続開始の時に居住していたこと |
| 存続期間 | 以下のいずれか<br>　①　遺産分割あり<br>遺産分割により居住建物の帰属が確定した日又は相続開始の時から６か月を経過する日のいずれか遅い日<br>　②　遺産分割なし（遺贈等）<br>建物所有者が配偶者に対して、配偶者短期居住権の消滅の申入れをした日から６か月を経過する日 | 配偶者の終身又は一定期間 |
| 第三者に対する対抗力 | なし | あり（登記） |
| 用法義務 | 用法遵守義務、善管注意義務 | 用法遵守義務、善管注意義務 |
| 譲渡 | 不可 | 不可 |
| 使用収益 | 従前の範囲で使用可能 | 全部の使用収益可能 |
| 権利消滅 | 用法遵守・善管注意義務違反、配偶者死亡、建物の占有喪失等 | 用法遵守・善管注意義務違反、存続期間満了、配偶者死亡、建物滅失等 |
| 財産的評価 | なし | あり |

配偶者短期居住権とはどのような権利ですか？

配偶者は、相続開始の時に被相続人所有の建物に無償で居住していた場合には、一定期間、引き続き無償でその建物を使用することができる権利です。

　相続人が複数いる場合、被相続人の財産は遺産分割が成立するまで相続人の遺産共有となるのが原則です。配偶者が長く被相続人と居住してきた建物であっても同様です。そのため、遺贈や遺産分割によって、建物に居住している配偶者以外の第三者（相続人を含む）が所有権を取得した場合に、配偶者はその建物に無償で住み続けることはできるのか、住み続けられるとして、相続開始後の居住によって得た利益を建物所有者に返還すべきか否かが問題となります。

　これらの問題については、従来は民法に定めがなく、最高裁判所の判例による解釈が行われてきました。今回の改正で配偶者短期居住権（民法1037条）が新設されたことにより、配偶者が無償で居住できる範囲が拡大されました。なお、民法改正後も判例の考え方は残ります。

## 最高裁判例の考え方

（最判平成8年12月17日民集50巻10号2778頁）

被相続人の生前に
- ① 被相続人の許諾を得て
- ② 相続人が
- ③ 無償で遺産である建物で同居していた場合

相続人は引き続き当該建物に無償で居住することができる。

問題点：配偶者が無償で居住できない場合がある（例：被相続人が遺言で配偶者以外の第三者に建物を遺贈したとき）。そのため、配偶者は、建物所有者から家賃相当額の支払や建物の明渡請求を受ける可能性がある。

## 配偶者短期居住権の特徴（判例との違い）

- ① 被相続人による許諾は不要
- ② 対象を、相続人のうち配偶者に限定する
- ③ 配偶者は、遺産分割によりその建物の帰属が確定するまでの間又は相続開始の時から6か月を経過する日のいずれか遅い日までの間、居住することができる
- ④ 遺贈等により居住建物の所有権を取得した者は、相続開始後いつでも配偶者に対し配偶者短期居住権の消滅の申入れをすることができる。配偶者はその申入れを受けた日から6か月を経過するまでの間、引き続き無償でその建物を使用することができる。

　なお、上記に当てはまる場合でも、配偶者短期居住権のルールが適用されないことがあります。詳細は、必ず司法書士等の専門家に確認をしてください。

PART II どこが変わった？ ここが変わった！

亡くなった夫名義の不動産に長年居住してきました。夫の死後、90歳である私の住まいがどうなるかを心配して、居住していた不動産を私に遺贈する遺言を夫は残してくれました。これについては、「特別受益」にあたるため、持戻し計算をしなければならないのでしょうか。それでは、夫の気持ちとかけ離れてしまうのですが。

こうした事例において、配偶者の方の保護を図るため「持戻し免除の意思表示の推定規定」という規定が新設されました。

**（1）「特別受益」とは**

　相続が開始した場合、遺産は各相続人の相続分に従って承継されます。一部の相続人は、生前に大学の学費、婚姻費用などの多額の贈与を受けていたのに、他の相続人はまったくもらっていなかった場合、相続においてこれらの事情が考慮されないのは不公平です。こうした相続人間の不公平を是正するのが「特別受益」です。

　被相続人の相続財産を計算する際に、相続人が受けた生前贈与等をいったん相続財産にあるものとして、持戻します（「持戻し計算」）。そして、持戻し計算により増加した相続財産に、各相続人の法定相続分を乗じて、各相続人の具体的な取り分を算出します。生前贈与が持戻し計算された相続人については、具体的な取り分から生前贈与の額を差し引いて計算します（民法903条1項）。

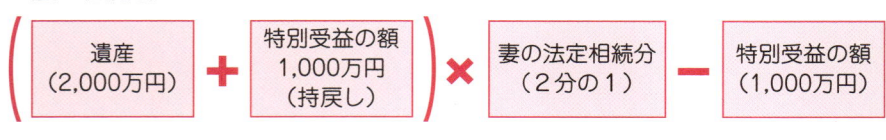

特別受益の持戻し計算

被相続人：夫
相続人：妻（特別受益（居住用不動産）1,000万円）、長男
（妻の相続分）

$$\left(\begin{array}{c}\text{遺産}\\\text{（2,000万円）}\end{array} + \begin{array}{c}\text{特別受益の額}\\\text{1,000万円}\\\text{（持戻し）}\end{array}\right) \times \begin{array}{c}\text{妻の法定相続分}\\\text{（2分の1）}\end{array} - \begin{array}{c}\text{特別受益の額}\\\text{（1,000万円）}\end{array}$$

＝ 500万円

（長男の相続分）

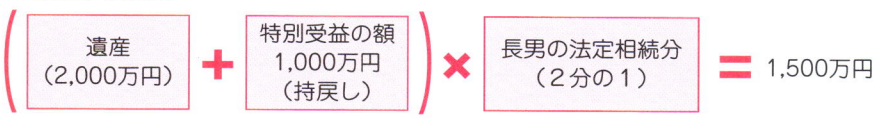

妻500万円、長男1,500万円を相続により承継します。妻としては、1,000万円を特別受益として夫の生前に得ているので、最終的な取得額としては1,500万円となります。決して損をしているというわけではないですが、保護されているともいえません。わざわざ妻のために贈与をした夫の想いに合致するとも考えにくいといえます。

## （２）持戻し免除の推定規定

改正法では、具体的に次のような規定を設けて、配偶者の保護を図ることにしました。

①婚姻期間が20年以上である夫婦の一方である被相続人が、他の一方に対し、②居住用のために利用する建物またはその敷地について贈与や遺贈をした場合には、③民法903条３項に定める「持戻しの免除の意思表示」があったものと推定することとしました（民法903条４項）。これにより、居住用不動産の贈与等が行われた場合でも、持戻し計算が不要となる結果、配偶者の取り分が増えることになります。図表で紹介した事例では、配偶者の取り分は下記のとおりとなります。

**持戻し免除の推定規定の適用を受けた妻の相続分**

（妻の相続分）

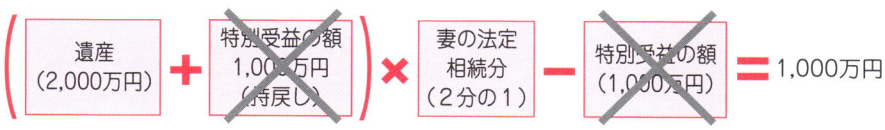

妻は、相続時に1,000万円を取得し、生前贈与とあわせて、2,000万円を取得することとなります。

父親が亡くなったため、葬儀費用の支払いに充てようと父親の預金口座から引き出しを行おうと思っています。しかし、預金口座が凍結されているようなのですが、このような場合には、引き出しは認められるのでしょうか。

認められます。このような事例に対応するために遺産分割前の預貯金の払戻し制度（以下、「払戻し制度」といいます。）が設けられました。

### （1）相続における預貯金債権の取扱い

　相続における預貯金債権の取扱いについては変遷があります。従来は、相続と同時に各相続人の法定相続分に応じて、当然に分割されて帰属し、遺産分割協議の対象とはならないとされていました（最判平成16年4月20日判夕1151号294頁）。よって、金融機関としては、理論的には、各相続人が法定相続分に応じて、単独で引き出しを認めることも可能でした。

　しかし、平成28（2016）年12月19日最高裁大法廷決定で、他の相続財産と同じく、遺産分割協議の対象となると判断され、取扱いが変更されました。

　遺産分割協議の対象となるということは、遺産分割協議がまとまり、帰属が確定するまでは、金融機関としては払い出しに応じることが難しくなるということです。相続開始後は、葬儀費用の支払いや、亡くなるまで入居していた施設などへの支払いがありえるため、被相続人の預貯金が引き出せないとなると、相続人としては困ったことになります。そこで、このような社会の要請に対応するため、払戻し制度が設けられることになりました（民法909条の2）。

### （2）払戻し制度とは

　改正法で認められた払戻し制度には大きく2つの方法があります。1つは、家庭裁判所に遺産分割の調停又は審判が係属している段階で、仮分割の仮処分を認めてもらう方法（2−3で詳しく解説します。）、2つ目は、家庭裁判所が関与しない場合でも、相続開始の時の預貯金債権の額の3分の1に当該相続人の法定相

続分を乗じた額（ただし、金融機関ごとに150万円を限度とします。）については、単独で預貯金の引き出しをすることができるという方法です。

　法律で払戻し制度が整えられたことから、各金融機関ごとに制度が整えられ、今後は凍結された預貯金口座でも引き出しがしやすくなると考えられます。

遺産分割協議がまとまらず、現在家庭裁判所で調停を行っています。まだまだ解決までは時間がかかりそうですが、被相続人が負担していた借金について支払いを行う必要が出てきました。このような場合どうすればいいでしょうか。

家庭裁判所に対して、預貯金債権の仮分割の仮処分を申し立て、引き出しを認めてもらうことができます。

## （1）預貯金債権の仮分割の仮処分

　遺産分割協議が当事者間でまとまらない場合には、家庭裁判所に調停や審判を申し立てて、解決の手助けをしてもらうことができます。これらの手続きが終わるには、数か月を要することもあり、その間に相続人が被相続人名義の預貯金の引き出しを行いたいという要望が生まれることがあります。このような場合に家庭裁判所の判断で、預貯金の債権の仮分割の仮処分を行い、調停等が成立する前であっても相続人に預貯金の引き出しを認める制度を設けることとなりました（家事事件手続法200条3項）。

## （2）要件

　家庭裁判所に預貯金債権の仮分割の仮処分をしてもらうには、①遺産分割の調停又は審判の申し立てがあること（本案係属要件）、②債務の支払いや、相続人の生活費など仮払いの必要性があると家庭裁判所が判断すること、③他の共同相続人の利益を害しないことが要件とされています。

　2-2で紹介した、家庭裁判所が関与しない形での払戻し制度（民法909条の2）のように上限金額は特に定められていません。よって、多額のお金を引き出したいというような要請がある場合には、預貯金債権の仮分割の仮処分を利用することとなるでしょう。

　なお、預貯金債権の仮分割の仮処分により金融機関が引き出しに応じた場合には、その支払いは有効な支払いであり、仮に事後的に遺産分割調停等が、異なる

結果となった場合でも、預貯金債権の仮分割の仮処分により行った金融機関の支払いが無効になるわけではありません。

# 2-4 遺産の一部分割

亡くなった父の遺産に土地と預貯金があるのですが、土地について
は争いがあってすぐには話し合いがまとまらないため、先に預貯金
だけ法定相続分で分けてしまいたいと思います。一部だけを先に分
けても問題はないでしょうか。

遺産の一部分割ができることが明記されました。先に預貯金だけの
分割を進めることができます。

　遺産分割は、公平な分割を実現するために、遺産の全てについて1回で解決す
ることが望ましいと考えられています。この考え方によると、遺産の範囲につい
て争いがあるときは、たとえそれが一部だけの争いだとしても、遺産全体につい
て解決ができないことになります。しかし、争いのない遺産については先に分割
をしてしまうことが有益な場合があるという考え方から、今回の改正で一部の分
割ができることが民法に明記されました。

　具体的には、設問のケースのように先に預貯金だけを法定相続分で分けてし
まって不動産は後回しにすることや、争いのない財産だけを先に分割してしまう
ことなどがあります。

　遺産分割の方法としては、相続人全員で協議をして、どのように遺産を分ける
かについて決めることができます。もし、協議がまとまらないときや、そもそも
協議ができないときは、家庭裁判所に決めてもらう手続き（審判）があります。
今回の改正では、協議の際に一部だけ分けると決めることも、家庭裁判所に一部
だけ決めてもらうことも、どちらもできることがはっきりと決められました。

　これまでも、遺産の一部を先に分割することは実務上行われてきました。また、
全部の分割だと思っていたところ、あとから遺産が発見され、結果的に一部の分
割だったということもあります。今回の改正は、はじめから遺産のうちの一部で
あることを明らかにして分割を進めることを念頭に置いた内容となっています。

　遺産の一部分割がされた場合は、対象となった部分についてのみ確定的に分割
したことになります。その後も一部分割を繰り返すことができますし、先に行わ

れた一部分割の結果は、その後に行われる残りの遺産分割の際に考慮することができます。

　ただし、家庭裁判所において遺産分割の審判を求める場合に、一部の分割を先に進めてしまうと最終的に公平な分割ができる見通しが立たないなどのときは、相続人の利益を害するおそれがあるため一部分割が認められません。また、遺言者としてはあらかじめ遺言で5年以内の期間を定めて分割することを禁止しておくことができますし、家庭裁判所で一定の期間を定めて分割を禁止することもできます。

### 家庭裁判所での遺産分割手続きにおける申立ての趣旨の記載方法の例

| 対象 | 申立ての趣旨 |
| --- | --- |
| 遺産の全部 | 「遺産分割を求める。」 |
| 遺産の一部 | 「別紙遺産全体目録中、〇番及び〇番の遺産の分割を求める。」 |

法制審議会民法（相続関係）部会資料21　13頁参照
http://www.moj.go.jp/content/001225750.pdf

亡くなった父の遺産に預貯金があったので、相続人である私と姉と弟で話し合いをしようと思って残高を確認したら、父が亡くなってからすぐに、弟が預金の一部を引き出していました。遺産分割の話し合いは、父が亡くなったときの残高をもとに進めてもよいのでしょうか。

相続人全員で同意をすれば、引出しされた預貯金を遺産分割の対象とすることができます。この場合、先に解約をした相続人の同意は必要ありません。

　遺産分割協議や家庭裁判所での遺産分割手続きをする時に、分割の対象となる遺産は、相続が始まった時（死亡時）に存在した遺産のうち、実際に分割する時に存在している遺産を基準にします。この基準によると、相続が始まってから分割をする時までに、相続人のうちの１人が遺産の一部を処分（不動産の売却や預貯金の引出し・解約など）してしまった場合、処分された遺産は分割の対象ではなくなり、先に処分をした相続人がその遺産を独り占めしてしまうことになります。これでは公平な遺産分割の実現ができないため、処分された遺産を分割の対象にできる仕組みが民法に明記されました。

　この仕組みを使うと、相続が始まった時点で存在していた一部の遺産が、分割の際にはすでに誰かに処分されていたとしても、分割時に遺産として存在しているものとしてみなすことができます。なお、相続人だけでなく、相続人以外の者が処分をしてしまった場合でも使うことができます。

　この仕組みを使うには、相続人全員の同意が必要です。この同意は、処分した人を特定して同意する必要はなく、処分された遺産を分割の対象とすることに同意するだけでかまいません。もし、処分をした人が相続人である場合は、その相続人の同意は必要ありません。

　これまでも、遺産分割の対象になる遺産の範囲や、先に処分してしまったことについて争いになることがあり、実務上は相続人全員の同意があれば分割時に存在していない遺産を分割の対象として許容してきたことがありました。今回の改正では、こういった実務上の取扱いをはっきりと明記したということになります。

# 3−1 遺言制度の見直し

 遺言の制度が改正されたということですが、なぜ改正されたのでしょうか。

 遺言は亡くなった人の生前の最後の意思を表示したものとして重要な役割を担っています。また、近年は家族のあり方が多様化していることに伴い、ますます重要性を増していくことが見込まれることから、遺言を利用しやすく、かつ確実に意思が実現できるようにするための改正がなされました。

　近年、遺言の利用件数が増えていると言われています（後表「家庭裁判所における遺言書の検認事件数」参照）。今後も遺言の利用が増えていくと見込まれることから、制度上も利用促進をしていくための改正がなされました。

　遺言は、亡くなった人の生前の最終意思を反映するものとして重要な役割を担っています。また、遺言があることによって亡くなった人の意思が明らかになるため、これに従うことで相続手続きが円滑に進みます。そのため、できるだけ遺言を作りやすくしていくとともに、遺言の内容が明らかで間違いのないことが求められます。

　そして、遺言書が相続開始のときまで確実に保管され、相続手続きにおいて適切に実行されるようにすることも必要です。これらのことを実現していくため、次の項目について改正がなされました。

１　自筆証書遺言の方式緩和（本書３−２）
　全文自書する必要がある自筆証書遺言の方式について、自書によらない財産目録を添付することができることになりました。

２　自筆証書遺言の保管制度（本書３−３）
　法務局で自筆証書遺言を保管するサービスが始まることになりました。

## 3　遺贈義務者の引渡義務の整理

遺贈義務者は、相続発生時または遺贈の対象物が特定したときの状態で引き渡すことと明記されました。

## 4　遺言執行者の権限明確化（本書3-4、3-5）

遺言の内容を実行する職務を担う遺言執行者の権限を明確にする改正がされました。

改正法案の国会での審議の際には、衆議院・参議院ともに法務委員会において附帯決議がなされています。その内容には性的マイノリティを含む様々な立場の人が遺言について事前に相談できる仕組みを構築する、といった決議が含まれています（part3の1-1参照）。また近年、家族のあり方が多様化しており、法律上の家族関係のルールを当てはめることが相応しくないケースもあります。たとえば相続人が誰もいないとか、いたとしても疎遠であるといった場合は、法定相続のルールによって承継させるのではなく、生前の人間関係に基づいて遺産を承継させることが望ましいことがあります。こういった場合には、遺言を活用することでより望ましい内容の相続手続きを円滑に進めることができると考えられます。

### 家庭裁判所における遺言書の検認事件数

| | 新受件数 |
|---|---|
| 平成20年 | 13,632件 |
| 平成21年 | 13,963件 |
| 平成22年 | 14,996件 |
| 平成23年 | 15,113件 |
| 平成24年 | 16,014件 |
| 平成25年 | 16,708件 |
| 平成26年 | 16,813件 |
| 平成27年 | 16,888件 |
| 平成28年 | 17,205件 |
| 平成29年 | 17,394件 |

（平成29年度司法統計　家事事件第2表より）

### 参考：公正証書遺言の作成件数

| | 作成件数 |
|---|---|
| 平成20年 | 76,436件 |
| 平成21年 | 77,878件 |
| 平成22年 | 81,984件 |
| 平成23年 | 78,754件 |
| 平成24年 | 88,156件 |
| 平成25年 | 96,020件 |
| 平成26年 | 104,490件 |
| 平成27年 | 110,778件 |
| 平成28年 | 105,350件 |
| 平成29年 | 110,191件 |

（日本公証人連合会ウェブサイトより）

 自分で遺言書を書こうと思いますが、すべて自筆で書かなければなりませんか。

 **自筆証書遺言は、原則としてすべてを自筆して作成しますが、今回の改正で、遺言書に添付する財産目録だけはパソコンで作成するなど、自筆ではなくても良いことになりました。**

　高齢になってくると自分の名前すら自書することが難しくなってきます。せっかく自筆証書遺言を作成しても、文字が乱れていて正確に読み取れなかったり、不動産の記載が間違っていて特定できなかったりする可能性があります。自筆証書遺言は、高齢になってから作成することが多いため、全文を自書しなければならないというのは厳格すぎるという指摘がなされてきました。他方で、自筆証書遺言は費用がかからず、簡易に作成できるという利点があります。そこで、円滑な相続手続きの実現のために自筆証書遺言の利用を促進していくという観点から、自筆証書に遺産の目録を添付する場合にはその目録については自書することを要しないという、方式を緩和する改正がなされました。

　改正後でも、自筆証書遺言の本文と日付の記載、署名・押印がある自筆証書の部分は、これまでどおり自書によって作成することが必要です。改正によって緩和された内容は、自筆証書の部分とは別の用紙として遺産の内容を表示した財産目録を添付する場合に、この財産目録は自書でなくても良いとされたものです。ただし、財産目録のすべての用紙に署名・押印が必要とされています。もし用紙の両面に表示がある場合は、両面に署名・押印が必要です。

　財産目録の作成方法としては、専門家などに代筆してもらうことや、パソコンで作成した遺産の一覧表や遺贈の対象となる遺産の表示を用紙に印字することもできますし、不動産であれば登記事項証明書をそのまま財産目録としたり、預貯金であれば通帳をコピーしたものをそのまま財産目録とすることができます。

　注意点として、本文の記載がある自筆証書部分と同一の紙面に、自書によらな

い財産目録部分を印字して作成することは認められていません。また、財産目録を添付して作成した自筆証書遺言の加除訂正については、これまでどおりの厳格な方式で行うこととされています。

**パソコン打ちされた財産目録の例**

```
               物 件 等 目 録

第1   不動産
 1   土地
      所   在      ○○市○○区○○町○丁目
      地   番      ○番○
      地   積      ○○平方メートル
 2   建物
      所   在      ○○市○○区○○町○丁目○番地○
      家屋番号      ○番○
      種   類      居宅
      構   造      木造瓦葺2階建
      床 面 積      1階   ○○平方メートル
                   2階   ○○平方メートル
 3   区分所有権
     1棟の建物の表示
       所     在     ○○市○○区○○町○丁目○番地○
       建物の名称     ○○マンション
     専有部分の建物の表示
       家 屋 番 号    ○○市○○区○○町○丁目○番の○○
       建物の番号     ○○
       床 面 積      ○階部分   ○○平方メートル
     敷地権の目的たる土地の表示
       土地の符号     1
       所在及地番     ○○市○○区○○町○丁目○番○
       地     目    宅地
       地     積    ○○平方メートル
     敷地権の表示
       土 地 の 符 号  1
       敷地権の種類    所有権
       敷地権の割合    ○○○○○分の○○○

第2   預貯金
 1   ○○銀行○○支店   普通預金
     口座番号   ○○○
 2   通常貯金
     記   号   ○○○
     番   号   ○○○

                      甲  野  太  郎  ㊞
```

出典：法務省「民法（相続関係）等の改正に関する中間試案」参考資料
http://www.moj.go.jp/shingi1/shingi04900291.html

 自筆証書遺言の保管制度が創設されると聞きました。どのような制度なのでしょうか。

 自筆証書遺言は、公証人役場で保管される公正証書遺言と異なり、紛失や、相続人によって隠匿、変造されるおそれがあるとされており、実際にそのような事例が存在します。そもそも相続人が遺言書の存在を知らないということも多く、遺産分割が終了した後に遺言書の存在が明らかになりトラブルになるケースもあります。こうした状況を改めるため、法務局における自筆証書遺言の保管制度の創設を目的として、「法務局における遺言書の保管等に関する法律」（遺言書保管法）が成立しました。

　自筆証書遺言は、専門家等の関与がなくとも自身の手で手軽に作成できることが利点ですが、相続人による隠匿や偽造のおそれがあることなどが問題とされています。また、近年相次ぐような大規模な災害が発生した場合には、消失してしまう可能性もあります。

　自筆証書遺言の作成を促進するうえでも、その保管上の問題点を改善していく必要があることから、その方策として、自筆証書遺言の保管制度が創設されることになりました。

　遺言書を保管する機関としては、全国に存在する機関であること、プライバシーの確保が必要なこと等の理由により、法務大臣の指定する法務局（遺言書保管所）において行われることになりました。遺言書の保管の申出は、偽造、変造を防ぐため、遺言者本人が出頭して行う必要があります。保管の申出を受けた遺言書保管所は、遺言書の原本の保管を行うほか、災害等による滅失のおそれを考慮して、遺言書の画像情報や内容をデータとして別途保管することとされています。

　相続の開始後、遺言者の相続人等は、遺言書保管所に対して、遺言書の保管の有無を証明した書面（遺言書保管事実証明書）や、遺言書の内容を証明した書面（遺言書情報証明書）の交付を請求したり、保管されている遺言書の原本の閲覧

をすることができます。なお、遺言書情報証明書の交付や遺言書の閲覧がされたときには、遺言書保管官より、遺言書が保管されていることをまだ知らない他の相続人等に対して、遺言書を保管している旨の通知がなされます。

　法務局に保管された自筆証書遺言については、偽造、変造のおそれがないことから、家庭裁判所による検認を受ける必要がありません。

　遺言書保管法は、令和2（2020）年7月10日（金）から施行されます。今後、政省令において、保管の際の手数料や、申請書の記載事項、添付書面などが定められる予定です。

遺言執行者の権限に関する規律が見直されたと聞きました。具体的にはどのような改正がなされたのでしょうか。

遺言執行者とは、遺言の効力が発生した場合に、財産目録を作成し、預貯金に関する手続等を行い、遺言の内容を実現する職務を担うものです。遺言執行者の権限については民法に規定があるものの、不明確な部分が多いと指摘されていました。今回の改正では、従前の民法の規定を改め、遺言執行者の権限が明確化されました。

　遺言執行者は、遺言の内容を実現する重要な役割を担っています。遺言を作成する人が増えるなかで、遺言執行者が選任されるケースも増加していますが、遺言執行者の権限には不明確な部分が多いとされていました。そこで、今回の改正では、次のような点について見直しがなされました。

**（１）遺言執行者の法的地位、一般的な権限の明確化**

　旧民法では、遺言執行者の法的地位については「相続人の代理人とみなす」（旧民法1015条）とされていました。しかし、遺言執行者の職務は、遺言により示された遺言者の意思を実現することですから、本来は遺言者の代理人としての立場を有するものであると考えられます。そこで、改正後の民法では、遺言執行者は「遺言の内容を実現する」ことを職務とするものであることが明確化されました。これに合わせて、旧民法1015条の規定は削除され、遺言執行者がその権限内において遺言執行者であることを示してした行為の効果は相続人に対して直接にその効力を生ずるとの規定が設けられました。

　このほか、旧民法には明確な定めがありませんでしたが、遺言執行者が就職を承諾した場合には、遅滞なく、相続人に遺言の内容を通知しなければならないとされています。

PART Ⅱ　どこが変わった？　ここが変わった！

## （2）遺言執行者の復任権等

　旧民法では、遺言執行者は、やむを得ない事由がある場合、または、遺言によって予め復任権が認められている場合でなければ、第三者にその任務を行わせることができないとされていました。しかし、法的知識等が十分でない相続人が遺言執行者に選任されることも多く、むしろ、司法書士等の専門家に遺言執行を依頼したほうが円滑に進むことも考えられます。

　そこで、改正民法では、遺言者が遺言で禁止した場合を除き、遺言執行者は、第三者にその任務を行わせることができるものとされました。その上で、第三者に任務を行わせることについてやむを得ない事由があるときは、遺言執行者は、相続人に対してその選任及び監督についての責任のみを負うものとされています。

### 遺言執行者の通知の例

令和○○年○○月○○日

**遺言執行者就職通知**

遺言者○○○○法定相続人
○○○○　殿

遺言者○○○○　　遺言執行者○○○○

前　略
　私は、令和○○年○○月○○日付［遺言公正証書（○○法務局所属　○○公証役場　公証人　○○○○　令和○○年第○○○号）］において遺言執行者に指定され、令和○○年○○月○○日付にて遺言執行者となることを承諾致しましたのでお知らせします。
　被相続人の遺言の内容は、添付の通りでありますので、併せてご通知申し上げます。

草　々

送付書類
1　令和○○年○○月○○日付遺言公正証書写し　　1通
1　…………

以上

遺贈又はいわゆる「相続させる」旨の遺言がなされた場合の遺言執行者の権限については、どのように定められたのでしょうか。

遺言執行者がある場合、遺贈の履行は、遺言執行者のみが行うことができることが明確にされました。
また、いわゆる「相続させる」旨の遺言（特定財産承継遺言）がなされた場合、遺言執行者は、原則として、対抗要件の具備に必要な行為をする権限を有し、預貯金については払戻等をする権限を有することが明確にされました。

今回の改正では、遺贈や、いわゆる「相続させる」旨の遺言がされた場合における遺言執行者の権限等についての規律が整備されています。

### （1）遺言執行者と遺贈義務者の関係

遺贈がなされた場合に、その履行をする義務は、相続人が負うのか、遺言執行者が負うのかについて、これまでは明文の規律がありませんでした。

この点に関して判例は、特定遺贈がされた場合、遺言執行者があるときは、遺言執行者のみが遺贈義務者となるとしていました（最判昭和43年5月31日民集22巻5号1137頁）。

改正法では、上記の判例を踏まえて、「遺言執行者がある場合には、遺贈の履行は、遺言執行者のみが行うことができる」との規定が設けられました。これにより、特定遺贈の受遺者は、遺言執行者がある場合には遺言執行者に対して、遺言執行者がなければ相続人に対して、遺贈の履行を請求すべきであることが明らかになりました。

### （2）特定財産承継遺言がされた場合の遺言執行者の権限

旧民法には、いわゆる「相続させる」旨の遺言がなされた場合の遺言執行者の権限についての規定はありませんでした。

　この点について判例は、特定の相続人に不動産を相続させる旨の遺言がされた場合には、原則として、遺言執行者は登記手続きをすべき権利義務を有しないと判示していました（最判平11年12月16日民集53巻9号1989頁）。

　しかし、今回の改正により、法定相続分を超える権利の承継については、対抗要件を備えなければ第三者に権利の取得を対抗することができないものとされました（partⅡの5－1参照）。また、相続登記の促進を図る観点から、遺言執行者により対抗要件を具備させる必要性は高まったと考えられます。

　そこで、特定財産承継遺言がなされた場合には、遺言執行者も、その相続人が対抗要件を備えるために必要な行為（例えば、不動産であれば相続登記）をすることができることとされました。

　また、預貯金について特定財産承継遺言がされた場合には、遺言執行者に預貯金を払戻し・解約する権限があることも明確にされました。ただし、解約は、その預貯金債権の全部が特定財産承継遺言の目的である場合に限られます。

　なお、被相続人が遺言で別段の意思を表示したときは、その意思に従うことになります。

# 4−1 遺留分制度の見直し

旧民法における遺留分の制度についてはどのような問題があります
か？

遺留分制度とは、相続人に一定の割合で相続財産が残るように保障
する制度です。
旧民法では、相続人が遺留分の権利を行使した場合、次のような問
題点があると言われていました。
① 遺留分の請求をすると、物権的効果が発生するとされており、
　請求権を行使した時点で遺留分減殺請求権の対象物の所有権の帰
　属が変わってしまうという結果になっていました。そうすると、
　事例によっては対象物が共有状態となってしまうこともあり、当
　事者間の権利関係が複雑なものとなってしまうと指摘されていま
　した。
② 遺留分の請求を受けた側が相続人である場合などは、一部で法
　律に規定されている算定方法と異なる計算が求められるケースが
　あり、計算が分かりづらいものとなっていました。

　例えば、Aさんという方が亡くなったとしましょう。Aさんには、配偶者Bと
子どもが2人（C、D）いたとします。

　Aさんが、生前、遺言で全部の財産をDさんに残すと記載していたら…。Bさ
んやCさんは一切の財産を受け取ることができなくなってしまいます。

　そのような場合、BさんやCさんにも一定の割合で相続財産を受け取る権利を
認める、これが遺留分です。

　BさんやCさんからDさんに遺産の一部を戻すように請求することを遺留分減
殺請求（改正法では「遺留分侵害額請求」と呼びます）といいます。

　遺留分が権利として認められているのは、残された相続人の生活保障をするた
め、また相続財産の形成に貢献した人に一定の財産を残すためといった意味合い
があります。

　しかし、この遺留分の制度には以下のような問題点が指摘されてきました。

① 先ほどの例でいうと、Dさんが不動産をもらっていたとすると、Bさん、Cさんが遺留分減殺請求をするとその不動産はBさん・Cさん・Dさんで共有することになっていました。

　こうなると、その土地を使用することも難しくなってしまいますし、権利関係がとても複雑なものとなっていました。

② 遺留分を算定するための対象財産として、被相続人（亡くなった方）からの贈与については、被相続人が亡くなる1年前までになされたものが対象となる、というのが改正前の民法の規定でした。

　しかし、これでは相続人の間では不公平になる場合があるとして、判例では、相続人が生計の資本として贈与を受けていたようなケースでは（このような贈与を特別受益といいます）、例外的に1年以上前に受けた贈与であっても遺留分を算定するための対象財産とするという扱いにしておりました。

　このように法律の規定と実際の運用の在り方が異なっている例もあり、内容を把握することがとても難しくなっていました。

　このような指摘を改善するべく、遺留分の制度が改正されました。

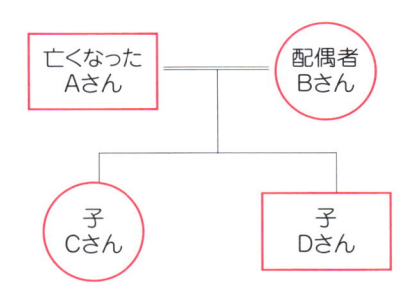

# 4−2 遺留分請求権の法的性質の見直し

**Q** 遺留分の法的性質が変更されたと聞きました。
具体的にはどのようになるのでしょうか。

**A** 例えば、ある不動産について遺留分減殺請求を行う場合、旧民法では、不動産の所有者が共有となってしまうなど権利関係が複雑となるという問題点が指摘されていました。
改正では、このような問題点を避けるため、遺留分の主張をする際は、「遺留分侵害額請求」として、金銭での請求を行うこととしました。

　4−1の例で、Dさんが遺言で受け取った財産が不動産であったとします。
　BさんやCさんが遺留分を主張しようとした場合、どうなるでしょうか。

　改正法では遺留分の主張を金銭で請求をすると改正されました。
　旧民法では、これは4−1にてご紹介したとおり、Cさん、Bさん、Dさんで共有の状態となります。
　こうなると、この不動産を利用したり売却したりするためには、Cさん、Bさん、Dさんがその都度に話し合いをしなければならなくなり、とても複雑になってしまいます。

　このような問題を避けるため、遺留分の主張をする際は物の所有権を要求するのではなく、金銭を請求するようにしたのです。
　以上の例でいうと、不動産が共有の状態になるのではなく、Bさん、Cさんは、自分の遺留分に相当する金銭をDさんに請求することになります。
　Dさんの立場からすれば、金銭さえ手当てすれば不動産を単独で所有することができます。今後の資産承継において、大きな影響があります。

## コラム 相続と死後事務

　死後事務とは、狭義には被相続人の遺体の埋火葬・葬儀などの事実行為をいい、広義には、被相続人の最後の入院治療費の支払い、公共料金の支払い、アパートの賃貸契約の解除・残留動産の片付けといった住環境の清算などの法律行為をいいます。

　ライフスタイルの変化や家族の多様化により、自分の死亡後財産を相続する者がいない、埋火葬や住環境の清算をしてくれる親族が見当たらないといった方が増えています。遺言を残すことで、例えば、財産を寄付するなどして清算することはできますが、前述の死後事務に対応することはできません。

　死後事務については、生前に信頼できる人と死後事務委任契約を結ぶことで実現できる場合があります。ただし、死後事務受任者の行為は相続人の相続権を害する場合があり、相続人から委任を解除されるおそれがありますから、死後事務受任者の地位は不安定です。

　現在のところ、委任契約の他には、民事信託を利用して死後事務を実現する方法が考えられますが、検討の余地が多くあると思います。今後、死後事務の需要が増えることはあっても減ることはないでしょうから、相続開始前後の問題を総合的に捉え、相続法制に留まらず附帯関連する財産法分野についても、需要の増大に対する法改正が望まれるところです。

旧民法において遺留分の算定はどのように行われていましたか。

旧民法では、遺留分は次のような計算を行います。

---

① 遺留分算定の基礎となる財産の額
　＝（被相続人が相続開始時に有していた財産の価額）
　　＋（贈与の目的財産の価格）
　　－（相続債務の全額）

② 遺留分額
　＝①の額×（個別的遺留分の割合）

③ 遺留分侵害額
　＝②の額
　　－（遺留分権利者が被相続人から取得した財産の額）
　　＋（遺留分権利者が承継した相続債務の額）

---

　旧民法の算定方法は以上に記載のとおりとなります。

　なお、贈与は遺贈を減殺した後でなければ減殺することができないとされており、また贈与の減殺は後の贈与から順次前の贈与に対してするとされています。亡くなった日に近いものから順番に減殺をしていくという考え方です。

　具体的な例を検討してみましょう（右頁図を参照）。

■Ａさんが亡くなったケース

・相続人は配偶者Ｂさん、子のＣさん、Ｄさん。

・Ａさんは、亡くなる15年ほど前にＣさんに5,000万円を贈与（特別受益に該当する贈与）し、また亡くなる半年ほど前にＡさんのやっていた家業を継いだＣさんの配偶者にも3,000万円をあわせて遺言で残しました。

・Ａさんが亡くなったときに残した財産は、ありませんでした。

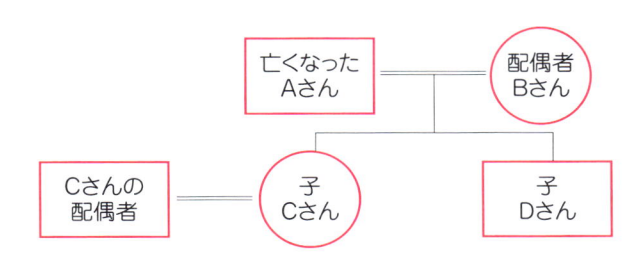

| Aさんは亡くなる15年前にCさんに5,000万円贈与（特別受益に該当する贈与） |
| Aさんは亡くなる半年ほど前にCさんの配偶者にも3,000万円贈与 |

このような場合、それぞれの遺留分は、前頁の式にあてはめるとこうなります。

① 遺留分算定の基礎となる財産の額

　0円（被相続人Aさんが相続開始時に有していた財産の価額）

　　+3,000万円（Cさんの配偶者に贈与した額）

　　+5,000万円（Cさんに贈与した額）　　　　　　　　=8,000万円

② 遺留分額

　Bさん　8,000万円×1/2×1/2　　　　　　　　　　=2,000万円

　Cさん　8,000万円×1/2×1/4　　　　　　　　　　=1,000万円

　Dさん　8,000万円×1/2×1/4　　　　　　　　　　=1,000万円

③ 遺留分侵害額

　Bさん　2,000万円

　Cさん　0円（1,000万円-5,000万円）

　Dさん　1,000万円

以上の結果から、Bさん・DさんはCさんの配偶者から減殺することになり、最終的な取得額は以下のとおりです。

　B　2,000万円

　C　5,000万円（生前贈与分5,000万円）

　D　1,000万円

　Cさんの配偶者　0円（すべて減殺）

 被相続人が生前に相続人に対して行った贈与があるケースで遺留分を算定する際、どのような改正がなされましたか？

 旧民法では、相続人に対して行われた特別受益に該当する贈与については、制限なく遡って算入されることとされていますが、これを相続の開始した10年前までといった制限を設けることとされました。

　４－３の例でいうとＣさんの特別受益に該当する贈与は、Ａさんが亡くなる15年前に行われたものなので、改正法では遺留分算定の基礎には含めないということになります。

　よって、遺留分算定の基礎となる財産は3,000万円ということになります。

　改正法によると遺留分侵害額は以下のとおりとなります。

Ｂさん　3,000万円（Ｃさんの配偶者に対する贈与）×１／２×１／２＝750万円

Ｃさん　3,000万円×１／２×１／４－5,000万円（Ｃさんの受けた贈与額）

＝０円

Ｄさん　3,000万円×１／２×１／４　　　　　　　　　　　＝375万円

最終的な取得額は以下のとおりです。

Ｂ　750万円

Ｃ　5,000万円（生前贈与分5,000万円）

Ｄ　375万円

Ｃさんの配偶者　3,000万円－750万円（Ｂさんの遺留分侵害額）

　　　　　　　　－375万円（Ｄさんの遺留分侵害額）　　　＝1,875万円

 遺産分割の対象となる財産があった場合、遺留分の算定はどのようになるでしょうか。

 遺産分割の対象となる財産があった場合の算定方法については、特に規定はありませんでした。
改正法ではこれを明確にするために、遺留分侵害額請求を行う際の算定にあたり、遺産分割協議の具体的な結果を考慮に入れることとなりました。

　Ａさんが相続開始時に有していた財産として5,000万円、そのうち、遺言でＣさんに500万円、Ｃさんの配偶者に4,000万円を遺贈したという例で考えてみましょう（遺産分割の対象となるのは500万円）。

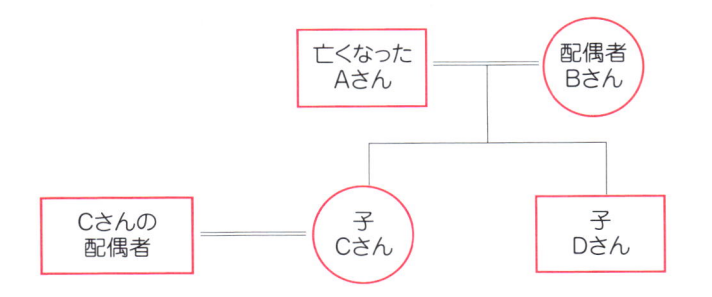

| Ａさんが相続開始時に残した遺産分割の対象となる財産は500万円 |
| --- |
| ＡさんはＣさんに500万円遺贈 |
| ＡさんはＣさんの配偶者に4,000万円遺贈 |

## ■Bさん

- **Bさんの具体的相続分**

  （500万円（相続時の財産）＋500万円（Cさんの受けた遺贈））

  ×1／2（法定相続分）＝500万円

- **Bさんの取得額（Bさんが遺産分割の対象となる財産から取得できる額）**

$$500万円（相続時の財産）\times \frac{500万円（遺産分割の対象となる財産）}{500万円＋0円＋250万円（B、C、Dの具体的相続分の合計額）}$$

〔Bさんの具体的相続分割合〕

$$=500万円\times \frac{2}{3}=333万3,334円$$

## ■Cさん

- **Cさんの具体的相続分**

  （500万円（相続時の財産）＋500万円（Cさんの受けた遺贈））

  ×1／4（法定相続分）＝250万円

  －500万円（Cさんの受けた遺贈）＝0円

- **Cさんの取得額　　0円**

## ■Dさん

- **Dさんの具体的相続分**

  （500万円（相続時の財産）＋500万円（Cさんの受けた遺贈））

  ×1／4（法定相続分）＝250万円

- **Dさんの取得額**

$$500万円（相続時の財産）\times \frac{250万円（遺産分割の対象となる財産）}{500万円＋0円＋250万円（B、C、Dの具体的相続分の合計額）}$$

〔Dさんの具体的相続分割合〕

$$=500万円\times \frac{1}{3}=166万6,666円$$

## 【遺留分】

### ■Bさんの遺留分額

（500万円（相続時の財産）

＋500万円（Cさんに対する遺贈）

＋4,000万円（Cさんの配偶者に対する遺贈））

×1／2×1／2（遺留分割合）

－333万3,334円（Bさんの受けた相続財産）

＝916万6,666円

### ■Cさんの遺留分額

（500万円（相続時の財産）

＋500万円（Cさんに対する遺贈）

＋4,000万円（Cさんの配偶者に対する遺贈））

×1／2×1／4（遺留分割合）

－500万円（Cさんの受けた遺贈）

＝125万円

### ■Dさんの遺留分額

（500万円（相続時の財産）

＋500万円（Cさんに対する遺贈）

＋4,000万円（Cさんの配偶者に対する遺贈））

×1／2×1／4（遺留分割合）

－166万6,666円（Dさんの受けた相続財産）

＝458万3,334円

【最終的な取得額】

■Bさん

　333万3,334円（相続財産）

　＋916万6,666円（遺留分）

　＝1,250万円


■Cさん

　500万円（Cさんの受けた遺贈額）

　＋125万円（遺留分）

　＝625万円


■Dさん

　166万6,666円（相続財産）

　＋458万3,334円（遺留分）

　＝625万円


■Cさんの配偶者

　4,000万円（遺贈により得た額）

　－916万6,666円（Bさんの遺留分）

　－125万円（Cさんの遺留分）

　－458万3,334円（Dさんの遺留分）

　＝2,500万円

 遺留分侵害額の算定にあたり、その他の改正点はどのようなものとなっているでしょうか。

 負担付贈与や不相当な対価による有償行為があった場合の算定方法について、見直しがなされました。

　4－4の59ページの例でいうと、Cさんに対する500万円の贈与に200万円相当の負担部分があったとしましょう。

　その場合、「遺留分算定の基礎となる財産の額」を計算する際、Cさんの受けた額は負担部分を差し引いた300万円とする、ということになります。

　これはCさんに対する贈与が、例えば、本来は500万円相当の財産であるにもかかわらず、200万円で売却されたといったように不相当な対価による売買が行われた…というケースについても同様の計算を行うことになります。

遺留分侵害額の算定における債務の取扱いに関する見直しについて
教えてください。

以下のような例で解説します。

　例えば、個人事業を営んでいたＡさんが亡くなり、相続人はＣさん・Ｄさんの
２人の子どもであったとしましょう。

　このようなケースでＣさんが家業を継ぎ、Ａさんの財産の一切について遺贈を
受けた代わりに、Ａさんの負っていた負債についてもＣさんが全て免責的債務引
き受けをしたとします。

　Ｄさんが遺留分侵害額請求をするとした場合、Ｄさんが本来負担することに
なっていたはずの相続債務を考慮して遺留分侵害額請求をし、Ｃさんが引き受け
た負債を完済した後に本来Ｄさんが負担すべきであった部分をＤさんに求償する
といったことになると面倒です。

　このような場合は、ＣさんはＤさんに対してその消滅した債務額の限度で遺留
分侵害額請求にかかる債務の消滅を請求できる、ということになりました。

　　例）
　　　被相続人Ａさんが個人事業を営んでおり、子のうちＣさんが事業承継をし
　　たケース。
　　　Ｃさんは相続財産のすべてについて遺贈を受けたが、相続債務についても
　　免責的債務引き受けを行った。

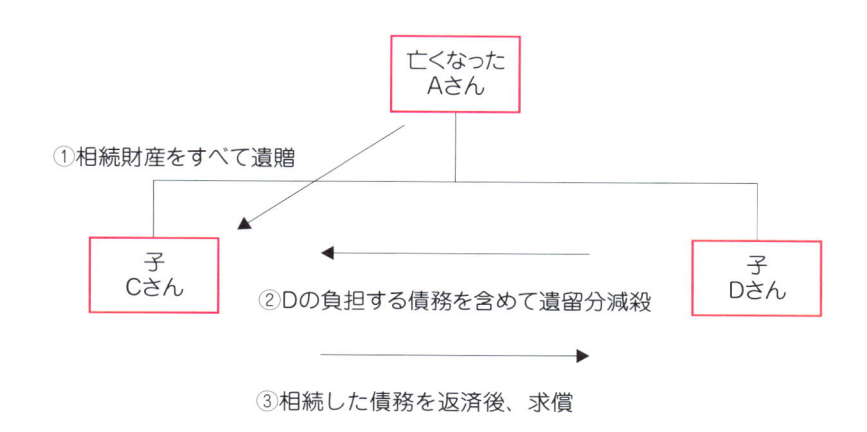

①相続財産をすべて遺贈

亡くなった
Aさん

子
Cさん

②Dの負担する債務を含めて遺留分減殺

子
Dさん

③相続した債務を返済後、求償

　Cさんは遺言で相続財産のすべてを承継し、Aさんが事業資金として借り入れをした負債について継続して返済をしたような場合、いったん返済をしたうえで、Dさんに求償するといったことは迂遠であるため、改正となりました。

 相続による権利の承継について、対抗要件が必要になるとどのように変わるのでしょうか。

 遺言や遺産分割協議によって法定相続分を超える権利を取得した場合に、すみやかに登記登録等の対抗要件を具備しておかないと、権利を失うおそれがあります。

　被相続人が、不動産を特定の相続人に相続させる旨の遺言をしていた場合、今までは判例によって、登記をすることなく第三者に不動産の取得を主張することができるとされていました（最判平成14年6月10日家月55巻1号77頁）。また、相続分の指定についても同様に、登記なくして第三者に対抗できるとされていました（最判平成5年7月19日家月46巻5号23頁）。

　しかし、このような判例実務については、第三者の立場からはわかりにくく、取引関係に入った後に遺言の内容が判明すると、第三者が不測の損害を被るおそれがあるのではないかと指摘されていました。

　そこで今般の相続法改正では、今までの実務を改め、相続による権利の承継は、遺産の分割によるものかどうかにかかわらず、法定相続分を超える部分については、登記、登録その他の対抗要件を備えなければ、第三者に対抗することができないとの規定（899条の2）が設けられました。この規定は、あくまで第三者に対する関係を定めているものであり、共同相続人間においては、遺言による指定を受けなかった相続人は無権利者であることは変わりません。よって、遺言によって不動産を承継するものとされた相続人は、他の相続人に対しては、今までどおり登記がなくともその権利を主張することができます。しかし、第三者に対抗するには登記を備えておく必要があり、もし第三者が先に登記を備えてしまうと対抗できなくなってしまう結果、権利を失うおそれがあるのです。

　相続登記には期限は設けられていないため、今までは遺言があってもすぐに相続登記をしない相続人もあったかもしれません。しかし今後については、相続登

記をしない間に、他の相続人の債権者が法定相続分による登記を入れて、相続分の差押えをしてきたような場合、遺言により不動産を取得するものとされた相続人が、その権利を主張できないことが考えられます。

　よって、遺言による権利の承継についても、すみやかに登記・登録などの手続きをして、権利を保全しておくことが重要です。

# 5−2 相続の効力等に関する見直し（2）

 相続による義務の承継について、新設された規定はどのような内容でしょうか。

 遺言で相続分の指定がされた場合にも、債権者は法定相続分に応じてその権利を行使することもできるし、指定相続分に応じた債務の承継を承認することもできる、との規定が設けられました。

　遺言によって相続分の指定がされた場合、債務の承継がどうなるのかについて、今までは条文の規定はありませんでした。遺言者が遺言で債務の承継割合を定めても、その効力は相続人間の内部的関係にとどまり、債権者との関係では効力がないため、判例は、各相続人は、相続債権者から法定相続分に従った相続債務の履行を求められたときには、これに応じなければならず、指定相続分に応じて相続債務を承継したことを主張することはできないと判断していました。また、相続債権者の方から相続債務についての相続分の指定の効力を承認し、各相続人に対し、指定相続分に応じた相続債務の履行を請求することは妨げられないとしていました（最判平成21年3月24日民集63巻3号427頁）。そこで、今回の改正では、この判例の考え方が明文化されました。

　遺言によって法定相続分を下回る相続分を指定された相続人が、債権者から法定相続分による債務の履行を求められ、支払いに応じた場合には、法定相続分を上回る相続分の指定を受けた相続人に対して求償することができます。

　また、債権者は指定相続分による債務の履行を承諾することも可能です。しかし、一度指定相続分による債務の承継を承認した時は、その後については、法定相続分による債務の履行を求めることはできなくなりますので、債権者としてはどちらを選択するか慎重に検討する必要があります。

# 6　相続人以外の者の貢献を考慮するための方策（特別の寄与）

相続人以外の者の貢献を考慮するための方策とはどのような内容でしょうか。

相続人以外の者が被相続人の療養看護などを行った場合に、相続開始後、一定の要件に該当すれば相続人に対する金銭請求を認めようとするものです。

### 事例

　私の夫は７年前に亡くなりました。夫の死後、同居している義父も体調を崩して介護が必要な状態になったため、私はパートをやめて義父の世話をしています。夫の兄弟たちは、義父の介護には全く協力をしてくれないのに、先日の夫の七回忌では、義父が亡くなったら遺産をどう分けるかなどと相談をしていました。なんだか不公平に感じています。

## 【解説】

　旧民法では、寄与分が認められているのは相続人に対してのみであり、相続人でない者が被相続人の療養看護につとめ、被相続人の財産の維持又は増加について貢献したとしても、相続人でない以上、その貢献が遺産の分配の場面で考慮されることはありませんでした。よって設例のようなケースでは、原則として、ご相談者の方が遺産を分けてもらえることもありませんでした。

　そこで、このような不公平感を解消するために、相続人以外の者の貢献を評価できる制度が創設されました。

　被相続人に対し無償で療養看護その他の労務の提供をしたことにより被相続人の財産の維持または増加について特別の寄与をした被相続人の親族は、被相続人の死後に、相続人に対して、「特別寄与料」の支払いを請求することができる、

とされました。

　この特別寄与料の請求について、当事者間で協議が難しいときは、家庭裁判所に処分を求めることができます（ただし相続開始及び相続人を知った時から6か月、または相続開始の時から1年を経過するまでという制限があります。）

　具体的に「特別寄与料」としていくら請求ができるかについては、寄与の時期、方法および程度、相続財産の額やその他一切の事情を考慮して決定するとされています。

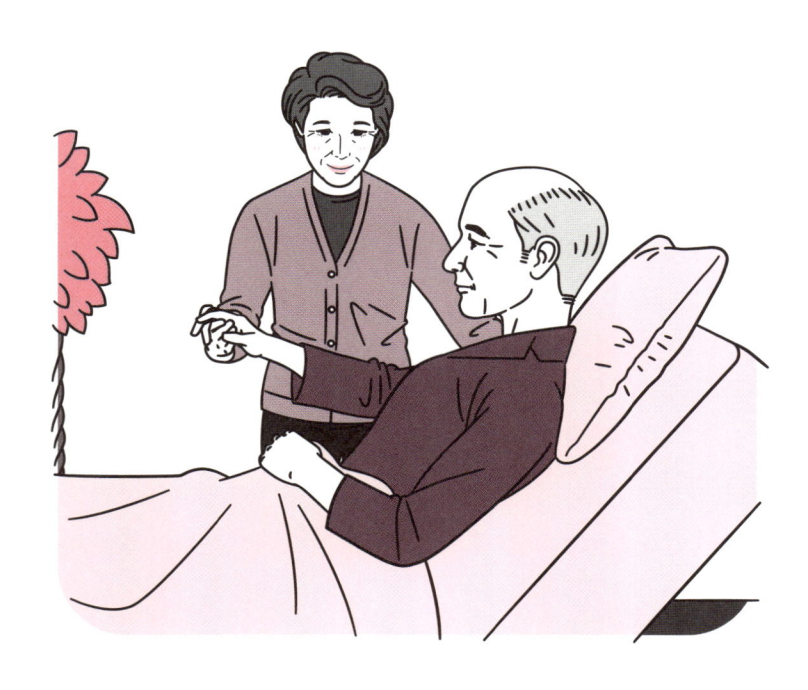

PART **III**

# これからの
# 相続法制

このパートでは、
相続に関係する
さまざまな問題を
解説します。

I 相続法ってどんなもの？
改正の理由・経緯

II どこが変わった？
ここが変わった！

III これからの
相続法制

# 1−1 附帯決議

　改正相続法は、本会議の前に付された法務委員会において、法律案とともに「附帯決議」の決議が行われました（参考資料参照）。

　衆参の法務委員会では、法律案は性的マイノリティを含む様々な方への配慮が欠けるのではないかという厳しい指摘がされました。特に配偶者居住権は法律婚の配偶者のみを対象としていること、相続人以外の者による特別の寄与制度は、同性パートナーを請求の対象外とすることとなり、その是非が問われました。

　法律案に不備があれば、内容を修正して決議をすることが可能ですが、今回の改正では、法律案は修正されませんでした。国会で同性婚カップルの相続の問題について議論したこと自体は大きな意義があるかもしれません。しかし、現行法下では、同性婚をするには事実婚とならざるを得ず、同性婚カップルの一方に法律婚の配偶者と同一の保護がされません。例えば、残されたパートナーは、2人で築いた財産であっても「相続」することはできず、遺言によって遺贈を受ける必要があります。互いに遺言書を作成しても、両親等の法定相続人から遺留分侵害額の請求をされる可能性もあり、立場が弱いと言わざるを得ません。

　一方、税制では事実婚を保護の対象とする動きが見られます。同性婚カップルが相続の際に受ける不利益を、法律婚であるか否かで区別することは、硬直的にすぎるかもしれません。今後に期待をしたいと思います。

## 【附帯決議】

「法律案が可決された後、その法律案に対して附帯決議が付されることがあります。附帯決議とは、政府が法律を執行するに当たっての留意事項を示したものですが、実際には条文を修正するには至らなかったものの、これを附帯決議に盛り込むことにより、その後の運用に国会として注文を付けるといった態様のものもみられます。附帯決議には、政治的効果があるのみで、法的効力はありません」

参議院「参議院のあらまし　委員会の活動（1）法律案の審査」
http://www.sangiin.go.jp/japanese/aramashi/keyword/katudo01.html

**【参考資料】**

「民法及び家事事件手続法の一部を改正する法律案」及び「法務局における遺言書の保
　管等に関する法律案」に対する附帯決議

政府は、本法の施行に当たり、次の事項について格段の配慮をすべきである。

一　現代社会において家族の在り方が多様に変化してきていることに鑑み、多様な家族
　の在り方を尊重する観点から、特別の寄与の制度その他本法の施行状況を踏まえつつ、
　その保護の在り方について検討すること。

二　性的マイノリティを含む様々な立場にある者が遺言の内容について事前に相談でき
　る仕組みを構築するとともに、遺言の積極的活用により、遺言者の意思を尊重した遺
　産の分配が可能となるよう、遺言制度の周知に努めること。

三　配偶者居住権については、これまでにない新たな権利を創設することになることか
　ら、その制度の普及を図ることができるよう、配偶者居住権の財産評価を適切に行う
　ことができる手法について、関係機関と連携しつつ、検討を行うこと。

四　法務局における自筆証書遺言に係る遺言書の保管制度の実効性を確保するため、遺
　言者の死亡届が提出された後、遺言書の存在が相続人、受遺者等に通知される仕組み
　を可及的速やかに構築すること。

五　法務局における自筆証書遺言に係る遺言書の保管制度の信頼を高めるため、遺言書
　の保管等の業務をつかさどる遺言書保管官の適正な業務の遂行及び利便性の向上のた
　めの体制の整備に努めること。

六　今回の相続法制の見直しが国民生活に重大な影響を及ぼすものであることから、国
　民全般に十分に浸透するよう、積極的かつ細やかな広報活動を行い、その周知徹底に
　努めること。

右決議する。

平成三十年七月五日　参議院法務委員会

PART **III** これからの相続法制

# 1−2　土地の所有者がわからない!?

　所有者が亡くなったにもかかわらず、相続登記がなされていないために、所有者がわからない土地が急増しています。この問題は、所有者不明土地問題と呼ばれ、数年前から注目を集めるようになりました。

　なぜ、所有者不明土地が増加しているのでしょうか？　所有者が亡くなった後速やかに相続登記がされていれば、登記簿の内容は現在の所有者を公示するものとなっているはずです。しかし、遺族が相続登記をしないまま長い年月が経過してしまった土地が全国に多数存在します。理由の１つは、相続登記が相続人の義務とはされていないことが挙げられています。相続登記を自分でしようと思えば手間と時間がかかります。司法書士に依頼した場合には専門家の費用がかかりますが、相続登記をしなかったからといって、直ちに何か不都合が生じるということはありません。固定資産税の納税通知書などは市税事務所に届出をしておけば、受け取ることができます。

　しかし、相続登記をしない間に、相続人にさらに相続（数次相続）が発生すると相続人の数はどんどん増えてしまいます。いざ、相続登記をしようと思った時には、行方不明であったり連絡がつかない相続人がいるなどの理由から遺産分割協議をすることができず、相続登記が事実上困難となる事態も生じています。

　このような状況が広がると、土地を再開発したり、公共の利益のために使おうとしても所有者が不明で、土地を有効に活用することができなくなってしまいます。そこで、平成30（2018）年11月15日、「所有者不明土地の利用の円滑化等に関する特別措置法」の一部が施行され、法務局の登記官が、所有権の登記名義人の死亡後長期間にわたり相続登記がされていない土地について、相続人等を探索し、職権で、長期間相続登記未了である旨等を登記に付記し、法定相続人等に登記手続を直接促すなどの不動産登記法の特例が設けられました。

　全国の公共嘱託登記司法書士協会では、現在この相続人調査の担い手として法務局に協力しています。また、全国の司法書士会においても、相続登記が長期間なされていない土地をこれ以上増やさないようにするために、相続登記をすみやかにしていただくように、市民の方への啓発活動を進めています。

# 1−3 所有者不明土地問題を解決するには

　全国に広がる所有者不明の土地は、2016年時点で約410万ヘクタールもあると言われています[1]。今後も増え続ければ、2040年には約720万ヘクタールにまで広がる可能性があります。これは日本の国土の5分の1近くになるほど大きな面積です。

　このような状態を放置することはできず、所有者不明土地の問題を抜本的に解決するため、法制審議会に「民法・不動産登記法部会」が設置されました。問題解決に重要な役割を果たす民法と不動産登記法の見直しを行うため、平成31 (2019) 年3月19日に第1回の会議が開催されています。法制審議会では、現在すでに発生している所有者不明土地問題を解決するための方策と、所有者不明土地を今後発生させないようにするための方策の2つの方向で議論が進められています。

　このうち、現在すでに発生している所有者不明土地問題への対応としては、共有関係にある所有者不明土地の管理をしやすくするために、民法の共有関係の規定を見直すことや、不在者財産管理人や相続財産管理人などが特定の土地など財産の一部についてのみ管理を行うことができるような仕組みが検討される予定です。また、所有者不明土地の発生を防止するための対応としては、相続登記の義務化や遺産分割に期間制限を設けることのほか、現行民法には規定のない、土地所有権の放棄についても議論が進められる予定です。

　私たち司法書士も、依頼人から、誰も住まなくなった実家の家土地を放棄することはできないかという相談を受けることが時々あります。不動産を相続すると、利用していなくても、固定資産税や所有者としての管理責任などの負担を負わなければなりません。負担を免れるために相続放棄をしたとしても、直ちに責任を免れることができるわけではありません。相続を放棄をした者も、他の共同相続人あるいは次順位の相続人が管理を開始するまで、自己の財産と同一の注意義務をもって、財産の管理を継続しなければならないからです（民法940条1項）。しかし、法制審議会の今後の議論によっては、一定の要件の下で、土地所有権の放棄を認める制度が創設されるかもしれません。このような制度が認められれば、土地所有権法制にとって大きな転換点となることは間違いなく、議論の行方に注目していく必要があります。

---

1　「所有者不明土地問題研究会」
　一般財団法人国土計画協会ウェブサイト：http://www.kok.or.jp/project/fumei.html

# さくいん

## あ行

遺言執行者 ・・・・・・・・・・・・・・・・・ 43, 48, 50
遺言執行者就職通知 ・・・・・・・・・・・・・・ 49
遺言書 ・・・・・・・・・・・・・・・・・・・・・・・ 22
遺言書情報証明書 ・・・・・・・・・・・・・・・ 46
遺言書保管事実証明書 ・・・・・・・・・・・・ 46
遺言書保管所 ・・・・・・・・・・・・・・・・・・ 46
遺言書保管法 ・・・・・・・・・・・・・・・・・・ 46
遺言制度 ・・・・・・・・・・・・・・・・・・・・・ 42
遺産の一部分割 ・・・・・・・・・・・・・・・・ 38
遺産分割 ・・・・・・・・・ 27, 34, 36, 38, 40, 59
遺産分割協議 ・・・・・・・・・・・・・・・・ 34, 36
意思の推定 ・・・・・・・・・・・・・・・・・・・ 12
意思表示 ・・・・・・・・・・・・・・・・・・・・・ 32
遺贈義務者 ・・・・・・・・・・・・・・・・・ 42, 50
遺留分減殺請求 ・・・・・・・・・・・・・・・・ 52
遺留分侵害額 ・・・・・・・・・・・・・・・ 63, 64
遺留分侵害額請求 ・・・・・・・・・・・・・ 52, 54
遺留分請求権 ・・・・・・・・・・・・・・・・・ 54
遺留分（制度）・・・・・・・・・・・・・・・・・ 52
遺留分（の）算定 ・・・・・・・・ 56, 57, 58, 63

## か行

家族法 ・・・・・・・・・・・・・・・・・・・・・・ 10
家庭裁判所 ・・・・・・・・・・・・・・・ 34, 36, 38
家督相続 ・・・・・・・・・・・・・・・・・・・・ 14
家父長制度 ・・・・・・・・・・・・・・・・・・ 14
仮処分 ・・・・・・・・・・・・・・・・・・・・・・ 36
仮払い制度 ・・・・・・・・・・・・・・・・・・ 34
仮分割 ・・・・・・・・・・・・・・・・・・・・・・ 36
協議 ・・・・・・・・・・・・・・・・・・・・・・・ 38

強行規定 ・・・・・・・・・・・・・・・・・・・・ 10
共同相続（人）・・・・・・・・・・・・・・・ 18, 27
寄与分 ・・・・・・・・・・・・・・・・・・・・・・ 69
金融機関 ・・・・・・・・・・・・・・・・・・・・ 34
兄弟姉妹 ・・・・・・・・・・・・・・・・・・・・ 15
血縁 ・・・・・・・・・・・・・・・・・・・・・・・ 12
憲法違反 ・・・・・・・・・・・・・・・・・・・・ 16
公証人役場 ・・・・・・・・・・・・・・・・・・ 46
公正証書遺言 ・・・・・・・・・・・・・・・・・ 46
高齢化社会 ・・・・・・・・・・・・・・・・ 15, 16
個人の尊厳 ・・・・・・・・・・・・・・・・・・ 14

## さ行

最高裁決定 ・・・・・・・・・・・・・・・・・・ 20
最高裁判所 ・・・・・・・・・・・ 16, 20, 30, 34
財産の承継 ・・・・・・・・・・・・・・・・・・ 12
財産法 ・・・・・・・・・・・・・・・・・・・・・・ 10
財産目録 ・・・・・・・・・・・・・・・・・・・・ 44
施行日 ・・・・・・・・・・・・・・・・・・・・・・ 20
死後事務 ・・・・・・・・・・・・・・・・・・ 22, 55
実質的平等 ・・・・・・・・・・・・・・・・・・ 18
指定相続分 ・・・・・・・・・・・・・・・・・・ 68
自筆証書遺言 ・・・・・・・・・・・・・・・ 42, 44
死亡 ・・・・・・・・・・・・・・・・・・・・・・・ 12
司法書士 ・・・・・・・・・・・・・・・・・・ 22, 76
社会情勢の変化 ・・・・・・・・・・・・・・・ 18
私有財産制度 ・・・・・・・・・・・・・・・・・ 12
諸子均分相続 ・・・・・・・・・・・・・・・ 14, 18
女性の地位向上 ・・・・・・・・・・・・・・・ 14
所有者不明土地問題 ・・・・・・・・・・・ 74, 76
親族 ・・・・・・・・・・・・・・・・・・・・・・・ 10

親族法 …………………………… 10
審判 ……………………………… 38
推定規定 ………………………… 32
生活保障 ………………………… 12
性的マイノリティ ………… 43, 72
成年後見制度 …………………… 22
相続 ……………………………… 10
相続権 …………………………… 12
相続債権者 ……………………… 68
相続財産 ………………………… 13
相続債務 …………………… 64, 68
相続手続き ……………………… 22
相続登記 …………… 51, 66, 74
相続の順位 ……………………… 12
相続分 ……………… 12, 15, 16, 20
相続法 ………………… 10, 12, 14
相続法改正 ………… 14, 16, 18
相続法制検討ワーキングチーム …… 20

### た行

対抗要件 …………………… 28, 51, 66
単独相続 ………………………… 27
嫡出 ……………………………… 16
嫡出子 …………………………… 20
嫡出でない子 …………………… 20
長子単独相続 ……………… 14, 18
直系尊属 ………………………… 15
登記 ………………………… 28, 66
登記手続き ……………………… 22
同性パートナー ………………… 72
特定遺贈 ………………………… 50
特定財産承継遺言 ……………… 50
特別寄与料 ……………………… 69

特別受益 ………………………… 32
特別の寄与 ……………………… 69

### な行

任意規定 ………………………… 10
任意後見 ………………………… 22

### は行

配偶者 …………………… 12, 15
配偶者居住権 …………… 26, 28
配偶者短期居住権 ……… 26, 30
配偶者（の）保護 …… 15, 20, 32
判例法理 ………………………… 18
不相当な対価 …………………… 63
附帯決議 …………………… 43, 72
負担付贈与 ……………………… 63
不動産登記法 …………………… 76
法制審議会 ………… 18, 20, 76
法定相続人 ……………………… 27
法定相続分 ……… 27, 34, 66, 68
法律婚 …………………………… 20

### ま行

民法 ……………………………… 10
民法（相続関係）部会 ………… 20
持戻し免除 ……………………… 32

### や行・ら行

預貯金債権 ………………… 34, 36
預貯金の払戻し …………… 34, 36
利害関係人 ……………………… 18
両性の平等 ……………………… 14

◆編者

## 日本司法書士会連合会

　昭和2（1927）年11月設立。各都府県に1つと北海道に4つの合計50の司法書士会を会員とする組織。

　司法書士法によって定められた団体で、その目的を「司法書士会の会員の品位を保持し、その業務の改善進歩を図るため、司法書士会及びその会員の指導及び連絡に関する事務を行い、並びに司法書士の登録に関する事務を行うことを目的とする。」（司法書士法62条）としている。

　今回の相続法制の改正においては、司法書士の専門的知見に基づく意見を反映させるため、「「民法（相続関係）等の改正に関する中間試案」に関する意見書」（平成28（2016）年8月24日）や、「「中間試案後に追加された民法（相続関係）等の改正に関する試案（追加試案）」に関する意見」（平成29（2017）年9月20日）を提出している。

　このほか、改正の内容を市民に伝えるため書籍の発刊やシンポジウムの開催を行っている。

◆著者

**及川　修平**（おいかわ　しゅうへい）

　　略歴　　　福岡県司法書士会（2002年　司法書士登録）
　　　　　　　日本司法書士会連合会民事法改正対策部　部委員
　　主な著作　『不動産賃貸借の課題と展望』（共著、商事法務、2012年）


**加藤　真紀**（かとう　まき）

　　略歴　　　札幌司法書士会（2014年司法書士登録）
　　　　　　　日本司法書士会連合会民事法改正対策部　部委員


**北詰　健太郎**（きたづめ　けんたろう）

　　略歴　　　大阪司法書士会（2009年司法書士登録）
　　　　　　　日本司法書士会連合会民事法改正対策部　部委員
　　主な著作　『少額債権の管理・保全・回収の実務』（共著、商事法務、2015年）


**小関　弾**（こせき　だん）

　　略歴　　　山形県司法書士会（2009年司法書士登録）
　　　　　　　日本司法書士会連合会民事法改正対策部 部委員

茂木　昌子（もてぎ　まさこ）

　　略歴　　　兵庫県司法書士会（2002年司法書士登録）
　　　　　　　日本司法書士会連合会民事法改正対策部　部委員


吉岡　宏祐（よしおか　こうすけ）

　　略歴　　　岡山県司法書士会（2012年司法書士登録）
　　　　　　　日本司法書士会連合会民事法改正対策部　部委員

**新しい相続のルールがわかる！**
相続法改正を司法書士がやさしく解説

2017年1月10日　第1版第1刷発行
2019年12月1日　改訂改題第1版第1刷発行

編　者　日本司法書士会連合会
発行者　山　本　　　継
発行所　㈱中央経済社
発売元　㈱中央経済グループ
　　　　パブリッシング

〒101-0051　東京都千代田区神田神保町1-31-2
電話　03 (3293) 3371（編集代表）
　　　03 (3293) 3381（営業代表）
http://www.chuokeizai.co.jp/
印刷／三英印刷㈱
製本／㈱井上製本所

© 2019
Printed in Japan